Introduction t
Soc

よくわかる

ソーシャルワーカーの倫理綱領

SOCIAL
WORKER

特定非営利活動法人
日本ソーシャルワーカー協会 編

学文社

執　筆　者（執筆順）

保良　昌徳
松永千惠子
益子　　徹
杉山　佳子
春見　静子
星野　晴彦
甲田　賢一
喜多　祐荘
宮崎　牧子
久保　美紀
鎌田真理子
高島　恭子
市川　和男
増田　公香
東　　康祐
上原　正希
吉田祐一郎
北本　佳子
木村　　潤
高石　　豪

はじめに

特定非営利活動法人
日本ソーシャルワーカー協会
会　長　保良昌徳

日本ソーシャルワーカー協会は，1960年IFSW（国際ソーシャルワーカー連盟）の後押しによって設立して以来，種々の取り組みと同時に，専門職の基盤となる倫理綱領の検討作業に活発に取り組むなど，設立当初から倫理綱領を重視する団体であった。80年代の再建時には「倫理専門委員会」がおかれ，独自の倫理綱領を策定すると同時に，それを遵守する会員で構成する団体として自らを位置づけ，その考え方は今日に至っている。

2000年のIFSWの「ソーシャルワークの定義」の採択を受け，その趣旨に沿った倫理綱領の策定が提案され，4団体共同で策定作業に取り組み，2005年に「ソーシャルワーカーの倫理綱領」が策定された。

さらに，2014年のIFSWの「ソーシャルワーカー専門職のグローバル定義」改定等を受け，2019年から，再度4団体共同で改定作業に取り組み，2021年5月のJFSW代表者会において承認された。それを受け，本協会においても，改定された「ソーシャルワーカーの倫理綱領」が正式に採択され，本協会の基本的考えや実践基盤が，あらためて確認され強化された。

日頃，意識されにくい倫理綱領であるが，会員誰もが，自らの「ソーシャルワーカーとしてのアイデンティティー」や「専門職としてのあり方」について考えた場合，それらを支える基盤あるいは基準が，ほかでもなく，「グローバル定義」「倫理綱領」にあることは自ずと明確になってくる。

日常の生活や仕事において，通常の業務とソーシャルワークとの区別，あるいは倫理綱領を意識するに至る機会は必ずしも多くなく，必要な際に参考となるものがないのではという認識から，倫理綱領の解説本が必要であるとの見解から，本書の発行に至った次第である。

今回の本書の発行は，本協会の倫理委員会が中心となり，本協会員およびソーシャルワーク実践者，あるいはソーシャルワークに関心のある方々のために企画されたものである。本書が，ソーシャルワークを実践する際の指針としていただければ幸いである。

最後に，本書の出版にご協力いただいた執筆者の方々，本誌編集委員，発行までご尽力いただいた学文社の田中千津子氏には感謝する次第である。

2023年2月吉日

著　　者

本書の使い方

倫理綱領は，私たちソーシャルワーカーのあり方や実践の基準となるものであり，ソーシャルワーカーにとって最も重要で十分に周知されるべきものである。実践の際は，倫理綱領を常に手元に置き，ソーシャルワーカーが自らの省みと実践の充実，基本となるものとして活用いただきたい。

そこで本書では，ソーシャルワーカーの倫理綱領を良く理解していただくために以下のような構成とした。

第１章　倫理綱領　その意味と使い方
第２章　ソーシャルワークにおける倫理綱領
第３章　ソーシャルワーカーの倫理綱領の特徴
第４章　重要なキーワード
第５章　資　　料

まず第１章では「倫理綱領の意味と使い方」について倫理綱領の一般的な意味，策定の目的，他専門職の例などの紹介や倫理綱領，倫理基準，行動規範等との違いについて説明している。

第２章では「ソーシャルワークにおける倫理綱領」のソーシャルワークにおける倫理綱領の流れ，日本におけるソーシャルワーカーの倫理綱領，2005年の倫理綱領（策定の経緯，内容など），2020年の改定作業について言及している。

第３章で新しい「ソーシャルワーカーの倫理綱領の特徴」について述べている。

第４章では，より一層，倫理綱領の理解を深めていただけるよう「重要なキーワード」24項目の説明を行っている。

第５章は資料編とし，「IFSW 倫理綱領指針」，「IASSW 倫理綱領指針」，「JFSW 『ソーシャルワーカーの倫理綱領』（成文）」，旧「倫理綱領」英文（仮訳）と日本文を掲載している。

本書を紐解くことにより，ソーシャルワーカーの実践基盤がより良きものとなるよう願っている。

（松永　千恵子）

目　次

第1章 倫理綱領 その意味と使い方

1 倫理綱領とは

国際ソーシャルワーカー連盟（IFSW）はソーシャルワークについて「ソーシャルワークとは，ゲームチェンジャーである。ソーシャルワーカーはそのコミュニティにおいて，人々が生活の中で，直面する課題を解決のための前向きな解決方法を見つけることに努める。ソーシャルワーカーはその共同決定，共同創造，社会的責任を通じて，人々の望む生活に向けた環境を構築することに役立つ。なお，経済的な健全性は，社会的健康なしには達成できない。」と説明している。

本協会においても，長年にわたりソーシャルワーカーとは，人権と社会正義の原理に則り，サービスを利用するクライエント本位の質の高い福祉サービスの開発や提供に努める存在であること，加えて社会福祉の推進とサービス利用者の自己実現を目指す専門職であることを説明してきた。

こうした中で，ソーシャルワークにおいて倫理綱領の必要が強く主張される最大の理由は，私たちが対峙するクライエントは，日々何らかの障壁に直面している個人，または組織であることに他ならない。

私たちソーシャルワーカーの実践においては，文化や固有の価値を尊重した関わりを通し，如何なる課題に直面しているクライエントであっても，その課題を解決し，ウェルビーイングの向上を果たすことを目的としている。

展開される国や地域，時代によってソーシャルワーク実践の所与の条件は異なる現実がある反面，そこには共通して貧困や差別，紛争といった課題が突きつけられている。これらに対応し得る知識や技術，価値といったものを世界中のソーシャルワーカーは長年にわたり積み重ね，そして，そのひとつの集約された成果が国際ソーシャルワーカー協会による倫理綱領である。

時に，私たちソーシャルワーカーがそれらの課題に連帯して立ち向かうとき，ソーシャルワーカーの有する個人的な価値と専門的な価値との揺らぎや，所属する組織における義務と専門職としての使命が大きく対立することもあるかもしれない。あるいは，国際的な社会の連帯が大きく損なわれそうになった時，すべてのソーシャルワーカーはその専門性の原点に立ち返り，強く結束を求められる可能性がある。そのような際に原点に回帰できるひとつの楔としてもこの倫理綱領は重要な位置にあるだろう。

さまざまな葛藤が交わる中で，ソーシャルワーク実践は私たちに非常に大きなやりがいと示唆を与えるものである反面，複雑かつ大きな葛藤を伴うものである。そうした中で，ソーシャルワークにおける倫理綱領の存在は，すべてのソーシャルワーカーにとって，その職務にあたる際の共通基盤となるため，是非活用していただきたいと考える。

【倫理綱領／倫理原則／倫理基準／行動規範などの違い】

倫理綱領を読み解く際には，倫理綱領・倫理原則・倫理基準・行動規範といった言葉が並ぶ。これらの違いについては一体どういったものがあるのだろうか。

これらの違いについて考えるにあたり，他の専門職である日本医師会，日本看護協会，それから日本介護福祉士会においても，それぞれが倫理綱領を規定している。そして，倫理綱領をより具体的に示したものとして，職業倫理指針や倫理原則，倫理基準（行動規範）などがある。これらによって，各専門職において最も大切としている価値規範から，実際の対応の在り方について体系的に整理されているといえよう。

ソーシャルワークにおいて，これらの倫理綱領等を遵守することは，直接的にすべてのコミュニティにおける倫理的な問題や論争を解決するものではない。

しかし，ソーシャルワーク専門職がその実績において目指すべきあり方について，具体的な行動からその価値綱領を示すことはソーシャルワーカーに必要と思われる努力の方向性を示す道標になりうる。すなわち彼らが支援をするコミュニティや職場において，ソーシャルワーカーとしてより責任ある選択をすることに寄与するだろう。

たとえば実践現場において，ソーシャルワーカーが最も拠り所としやすい内容となっているのは行動規範であるが，その行動規範を読んで理解や判断が難しい場合も数多くあるだろう。そのような場合においては，さらに倫理基準や倫理綱領などにも目を通した上で，ソーシャルワーカーにとって真に期待される価値規範とはどのようなものであるのかについて，検討するとよいだろう。

（益子　徹）

2 現場で「倫理綱領」をどう生かすか

ソーシャルワーカーはミクロからメゾ，マクロまでの幅広い領域における，多種多様な課題に向かい合いながら，常に一人ひとりのクライエントの尊厳と，その人のウェルビーイングを願い活動している。しかし多忙であったり，クライエントから攻撃的な行動をとられたりすると，クライエントを尊重し温かく接することが困難になることもある。そんな時，自分自身を顧みるために倫理綱領を手元に置いて拠り所にして欲しい。

ソーシャルワーカーは，クライエントを支援する際にはアセスメントを行い，その人の置かれている状況を理解して支援を展開するが，自分がこれまで体験してこなかったような状況に置かれているクライエントを理解し共感し受容しようとする過程においては，大変な困難さを感じることも多い。

バイステック（Biestek 1957）は「偏見や先入観から解放され，自由になること」「人間行動に関する知識を持つこと」「医学，心理学，精神医学，社会学，哲学などの知識をワーカー自身の体験や『常識』にきちんと加えること」の重要性について述べ，ソーシャルワーカーに対して自己覚知を促している。

クライエントが自分の生活や思いを客観的に見つめ落ち着いて行動できるように，クライエントの利益を最優先にしてサポートするためには，ソーシャルワーカー自身が自分自身を客観的に見つめ，自らを受容する必要がある。

実践では，次の２点を強調したい。

▶ 倫理綱領の原理には１番目の項目として「人間の尊厳」があげられている。「ソーシャルワーカーは，すべての人々を，出自，人種，民族，国籍，性自認，性的指向，年齢，身体的精神的状況，宗教的文化的背景，社会的地位，経済的状況などの違いにかかわらず，かけがえのない存在として尊重する」とある。このことを第一にソーシャルワーカーは心がけ，クライエントに敬意を払うことが大切である。

▶　倫理基準ではまず「Ⅰ　クライエントに対する倫理責任」，そして「Ⅱ　組織・職場に対する倫理責任」について述べられている。Ⅱの4番目の項目には「倫理的実践の推進」として「ソーシャルワーカーは，組織・職場の方針，規則，業務命令がソーシャルワーカーの倫理的実践を妨げる場合は適切・妥当な方法・手段によって提言し，改善を図る」とある。所属する組織の体制にジレンマを感じることもあるが，そのような時でも倫理綱領を遵守して問題を感じたら勇気をもって提言する必要がある。

ソーシャルワーカーが，ソーシャルワーカーとしての自分自身を顧みて，所属する自分の組織のありようにも厳しく対応し，クライエントの利益が最優先になるよう心がけ，どのような環境であっても「人間の尊厳」が守られるような社会実現を目指し働く者であるということを，常に自覚し行動するための指針として倫理綱領が役割を果たしていくことを願っている（Biestek, F. P. 1957＝2006）。

（杉山　佳子）

第2章 ソーシャルワークにおける倫理綱領

1 ソーシャルワークにおける倫理綱領の流れ

専門職としてのソーシャルワークが誕生する以前には，慈善という形で個人や教会や寺院等がさまざまな動機をもって困難な状況にある人に対する援助を行っていた。その後，大学等でソーシャルワーカーの養成がなされ，国家資格をもつソーシャルワーカーが社会のさまざまな領域で活動するようになると，ソーシャルワークについての共通の理解や専門職としてのソーシャルワーカーの行動の基礎となる倫理原則が，国際ソーシャルワーカー連盟（IFSW）や国際ソーシャルワーク学校連盟（IASSW）などの国際機関で議論されるようになった。2004年と2018年にはIFSWとIASSWは共同で「ソーシャルワークにおける倫理原則に関する声明」を発表した。この声明に述べられている原則を基準として，各国はそれぞれの国の事情に合わせて独自の倫理綱領を作成している。

1. 国際ソーシャルワーカー連盟（IFSW）と国際ソーシャルワーク学校連盟（IASSW）について

IFSW（国際ソーシャルワーカー連盟）は，ソーシャルワーク専門職の世界的組織として1956年に設立され，2022年現在，全世界の135カ国の専門職団体が加盟している。日本は，1997年，日本ソーシャルワーカー協会，日本社会福祉士会，日本精神保健福祉士協会，日本医療社会福祉協会の4専門職団体がひとつの団体として加盟している。

一方，IASSW（国際ソーシャルワーク学校連盟）は，ソーシャルワーク教育の発展やソーシャルワーク教育の質の向上や国際交流を目指して1928年パリで設立された。設立当初は主としてヨーロッパの50余の学校だけが参加していた。第二次世界大戦中には活動の中断を余儀なくされたが，戦後は世界全体に広がり，ソーシャルワーカーを養成する学校とソーシャルワーク教育にかかわる個人がメンバーとなっている。IFSWとIASSWはこれまでソーシャルワークの定義の策定や倫理に関する発言において共同で取り組んできた。

2. IFSWとIASSWによる「ソーシャルワークにおける倫理原則に関する声明」

(1) 2004年の声明（2004年10月オーストラリア，アデレードのIFSWとIASSWの総会において承認された）

この声明は，2000年，IFSW，IASSWの総会で採択されたソーシャルワークの定義の内容に準拠するものであり，とくに定義の最後に述べられている「人権と社会正義の原理はソーシャルワークの拠り所とする基盤である」を根拠として，倫理原則としては，人権と社会正義を掲げている。人権に関しては，①自己決定権の尊重，②参加の権利の促進，③個別性の尊重，④ストレングスの認識と発展を，社会正義に関しては，①差別への挑戦，②多様性の認識，③資源の公正な分配，④不当な政策や実践への挑戦を具体的な内容としてあげている。声明はまた専門職としての行動に関する12項目のガイドラインを述べている。それらの中には，ソーシャルワーカーは自分たちの技術を非人間的な目的に利用されることを許してはならない，ソーシャルワーカーは業務に必要な技術と能力を維持・発展することが期待される，ソーシャルワーカーは不当な政策や実践に挑戦することなどが含まれている。

⑵　2018年のグローバル倫理声明（2018年7月のアイルランド，ダブリンのIFSWとIASSWの総会で承認された）

2000年に制定されたソーシャルワークの定義は，2014年，「ソーシャルワーク専門職のグローバル定義」として改訂された。新定義においては，ソーシャルワークが目指すものは社会変革，社会開発，社会結束，人びとのエンパワメントと開放であるとされ，中核的な価値としては，2000年の人権と社会正義に，集団的責任と多様性の尊重が加えられた。2018年に出された倫理原則のグローバル声明では，9つの倫理原則が具体的に示されている。それらは，①人間固有の尊厳の認識　②人権　③社会正義（差別への挑戦，多様性の尊重，不当な実践への挑戦，連帯の構築）　④自己決定　⑤参加の権利　⑥秘密保持とプライバシー　⑦個人への全人的対応　⑧技術とソーシャルメディアの活用　⑨専門的誠実さ，である。声明の⑨-1は，各国の協会や組織は地域の状況を考慮しつつ本声明と一貫性をもたせて独自の倫理規定や倫理指針を作成する責任があると述べている（岩崎浩三ほか　2014）。

⑶　2004年と2018年の倫理原則に関する声明の比較

2004年の声明においては倫理原則が人権と社会正義の2つに大きくまとめられているのに対して，2018年の声明では9つの独立した原則が示された。その内容の多くは2004年の声明においても何らかの形で言及されているが，2018年の声明で独立した原則として示されたことにより，他の原則も人権の尊重や社会正義の促進と同様に重要であることがより強調されるようになった。とくに2018年にだけ加えられた倫理原則として，⑧の技術とソーシャルメディアの倫理的活用がある（日本ソーシャルワーカー連盟　2018）。　（春見　静子）

2　2005年版倫理綱領について

2000年7月の国際ソーシャルワーカー連盟（IFSW）国際会議（モントリオール会議）において「ソーシャルワークの定義（Definition of Social Work）が採択された。それを受けて，日本ソーシャルワーカー協会が呼びかけ，日本社会福祉士会と倫理綱領策定に向けた作業が開始された。やがて，日本医療社会事業協会（現日本医療ソーシャルワーカー協会），日本精神保健福祉士協会がこの取り組みに参画し，日本のソーシャルワーカー職能4団体「社会福祉専門職団体協議会」として正式に「倫理綱領委員会」が組織され，策定作業が進められた。作業は，IFSWの定義および倫理綱領をはじめ，各団体が採択している倫理綱領，および諸外国の倫理綱領をもとに，委員会で検討がされた。

2002年10月付けで「『ソーシャルワーカーの倫理綱領』案」が公表され，関係者や関連学会等からのパブリックコメントを求められた。2005年1月27日，社会福祉専門職団体協議会・倫理綱領委員会（委員長　仲村優一）の名のもとに，正式に「ソーシャルワーカーの倫理綱領」として公表された。

構成としては，「価値と原則」と「倫理基準」に分かれている。「価値と原則」にはⅠ（人間の尊厳）Ⅱ（社会正義）Ⅲ（貢　献）Ⅳ（誠　実）Ⅴ（専門的力量）の5項目がある。「倫理基準」にはⅠ．利用者に対する倫理責任，Ⅱ．実践現場における倫理責任，Ⅲ．社会に対する倫理責任　Ⅳ．専門職としての倫理責任，からなっている。とくに前文では，国際ソーシャルワーカー連盟との連携とともに，人間の尊厳と平和の擁護に加えて，社会変動が環境破壊および人間疎外をもたらすことを警告していることが先駆的であった（下線は筆者）。

前　文

われわれソーシャルワーカーは，すべての人が人間としての尊厳を有し，価値ある存在であり，平等であることを深く認識する。われわれは平和を擁護し，人権と社会正義の原理に則り，サービス利用者本位の質の高い福祉サービスの開発と提供に努めることによって，社会福祉の推進とサービス利用者の自己実現をめざす専門職であることを言明する。

われわれは，社会の進展に伴う社会変動が，ともすれば環境破壊及び人間疎外をもたらすことに着目する時，この専門職がこれからの福祉社会にとって不可欠の制度であることを自覚するとともに，専門職社会福祉士の職責についての一般社会及び市民の理解を深め，その啓発に努める。

（以下略）

（星野　晴彦）

3 2020年の改定作業

2014年7月，国際ソーシャルワーカー連盟（IFSW）国際会議（メルボルン会議）において，2000年の「ソーシャルワークの定義」の改正案「ソーシャルワーク専門職のグローバル定義」（Global Definition of Social Work）が採択された。

新グローバル定義を受け，日本ソーシャルワーカー連盟（旧社会福祉専門職団体協議会）の中で，倫理綱領改正に向けた機運・動きが高まった。2017年12月，JFSW倫理綱領委員会準備委員会が発足し，2018年2月2日，連盟代表者会議において，2005年の倫理綱領の改定を行うことが正式に承認された。構成4団体から代表者3名（合計12名）からなる「倫理綱領委員会」が発足し，日本ソーシャルワーカー協会が事務局を担当することが承認された。

2018年5月26日，第1回倫理綱領委員会が開催された。主な確認点は見直しの対象を，現行の倫理綱領の全文とする。新グローバル定義およびそれの地域定義「アジア太平洋地域における展開」，「日本における展開」を視野に入れることとされた。

以降2020年4月15日までに都合15回の委員会が開催された。

検討作業は，2005年の倫理綱領の各条文を4団体で分担し，修正案の作成を行った。その結果を初期資料としてまとめ，委員会において，旧条文と照らし合わせながら逐条的に検討し，必要に応じて継続事項として各団体委員会に諮り，それを事務局（日本ソーシャルワーカー協会）でまとめ，次回の委員会に付すという手順で作業を進めた。委員会は，まとめられた資料をもとに，委員の自由な発言と慎重さをもって進められた。

検討作業においては，2018年7月に改訂されたIFSW/IASSWの倫理（倫理原則に関するグローバルソーシャルワークの声明）との整合性について検証した。

2019年5月21日検討作業の結果，以下の通り改定案等が作成された。

①「ソーシャルワーカーの倫理綱領新旧対照表」

②「ソーシャルワーカーの倫理綱領成文案」

以上の改定案を各団体に送付し，各総会で公表され，パブリックコメントを実施し，意見を集約した。

2020年5月15日，すべての検討作業が完了し，倫理綱領委員会（委員長　保良昌徳）の名のもとに，日本ソーシャルワーカー連盟代表者会議に「ソーシャルワーカーの倫理綱領改正案」として上程され承認された。その後，同年度の4団体の総会において承認を得て，各団体の倫理綱領として施行された。本綱領のタイトルに各団体名を使用することについては，委員会で合意確認された。

（甲田　賢一）

第3章 ソーシャルワーカーの倫理綱領の特徴

新しい倫理綱領では,「価値と原則」を「原理」と変更して,元々規定されていた「人間の尊厳」と「社会正義」のほかに,新しく「人権」「集団的責任」「多様性の尊重」「全人的存在」「参加の促進」「記録の開示」「情報処理技術の適切な使用」「最良の実践を行う責務」の項目を追加している。

また「原理」に規定する「人間の尊厳」の項目であげている例示に,「民族,国籍,性自認,性的指向」が追加されている。

【変更点】

(1) 「価値と原則」を「原理」に変更

「ソーシャルワーク専門職のグローバル定義」であげられた「諸原理(principles)」に沿って「原理」と改称した。「原理(principles)」は「価値(values)」よりも絶対的で揺るがないものである。

(2) 原理 I(人間の尊厳)の項目の例示に,「民族,国籍,性自認,性的指向」を追加

変更後

「ソーシャルワーカーは,すべての人々を,出自,人種,民族,国籍,性別,性自認,性的指向,年齢,身体的精神的状況,宗教的文化的背景,社会的地位,経済状況などの違いにかかわらず,かけがえのない存在として尊重する。」

日本のソーシャルワークは近年の社会の変化による多様化・複雑化・深刻化しかつ複合化する問題を抱えている人びとに対応しなければならない状況にある。たとえば対象は外国人や移住者であり，またLGBTなどの性的指向のある人たちである。性に関する事項は社会的認識の変化により，今回さらに詳細に記載している。

⑶ Ⅱ（人権）追加

変更後

「ソーシャルワーカーは，すべての人々を生まれながらにして侵すことのできない権利を有する存在であることを認識し，いかなる理由によってもその権利の抑圧・侵害・略奪を容認しない。」

変更の理由は，「ソーシャルワーク専門職のグローバル定義」や「倫理原則に関するグローバルソーシャルワークの声明」により追記したものである。

⑷ Ⅲ（社会正義）追加

変更後

「ソーシャルワーカーは，差別，貧困，抑圧，排除，無関心，暴力，環境破壊などの無い，自由，平等，共生に基づく社会正義の実現をめざす。」

自由，平等，共生に基づく社会正義の実現を損なうもののひとつとして，今回は新たに「無関心」を追加した。

⑸ Ⅳ（集団的責任）追加

変更後

「ソーシャルワーカーは，集団の有する力と責任を認識し，人と環境の双方に働きかけて，互恵的な社会の実現に貢献する。」

「ソーシャルワーク専門職のグローバル定義」の原則に含まれていることを踏まえて新規に追加した。

⑹　Ⅴ（多様性の尊重）追加

変更後

「ソーシャルワーカーは，個人，家族，集団，地域社会に存在する多様性を認識し，それらを尊重する社会の実現をめざす。」

「ソーシャルワーク専門職のグローバル定義」や「倫理原則に関するグローバルソーシャルワークの声明」に関係し，追記された。マイノリティとのソーシャルワークとして理論化が始まった多文化ソーシャルワークは，近年多様性を尊重したソーシャルワークに形を変えている。今回の変更は日本社会の変容に応じたものといえる。

⑺　Ⅵ（全人的存在）追加

変更後

「ソーシャルワーカーは，すべての人々を生物的，心理的，社会的，文化的，スピリチュアルな側面からなる全人的な存在として認識する。」

この部分も「ソーシャルワーク専門職のグローバル定義」や「倫理原則に関するグローバルソーシャルワークの声明」に関係し，追記された。

⑻　「クライエントに対する倫理責任」追加

変更後

5.（クライエントの自己決定の尊重）

「ソーシャルワーカーは，クライエントの自己決定を尊重し，クライエントがその権利を十分に理解し，活用できるようにする。また，ソーャルワーカーは，クライエントの自己決定が本人の生命や健康を大きく損ねる場合や，他者の権利を脅かすような場合は，人と環境の相互作用の視点からクライエントとそこに関係する人々相互のウェルビーイングの調和を図ることに努める。」

本人の生命や健康を大きく損ねる場合や，他者の権利を脅かすような場合が想定できることから追加した。

⑼　（参加の促進）追加

変更後

「ソーシャルワーカーは，クライエントが自らの人生に影響を及ぼす決定や行動のすべての局面において，完全な関与と参加を促進する。」

この条文は「倫理原則に関するグローバルソーシャルワークの声明」を参考に追記された。

⑽　（記録の開示）追加

変更後

「ソーシャルワーカーは，クライエントから記録の開示の要求があった場合，非開示とすべき正当な事由がない限り，クライエントに記録を開示する。」

新たに新規条文として追加された理由は，最近の社会的変化や事件を踏まえて追加された。

⑾　（情報処理技術の適切な使用）追加

変更後

「ソーシャルワーカーは，情報処理技術の利用がクライエントの権利を侵害する危険性があることを認識し，その適切な使用に努める。」

この条文も「倫理原則に関するグローバルソーシャルワークの声明」を参考に追記された。

⑿　Ⅱ　組織・職場に対する倫理責任（最良の実践を行う責務）追加

変更後

「ソーシャルワーカーは，自らが属する組織・職場の基本的な使命や理念を認識し，最良の業務を遂行する。」

福祉，保健，医療などソーシャルワーカーが働く組織の基本理念は，ソーシャルワークと通じるものであるため，最良の業務を遂行するにあたり，組織の使命を認識するところから始めることを明記した。　（松永　千惠子）

第 4 章 重要なキーワード

1 「グローバル定義 2014」から

1. 社会変革(social change)

社会変革は，人権が守られ，すべての人びとが尊重され，生存が保証される社会を目標としている。たとえば，個人，家族のレベルから地域や国のレベルにおいて，差別や排除，虐待などのような個人の抑圧された環境からの脱却が目標とされる。加えて，経済的困窮や政治的無権利などからの解放も為されることが期待されている。これらが達成されるために，教育・医療・就労・社会参加・文化活動・結婚・子育てなどにおいて，個別的支援・集団的活動・制度改革を目指す。なお，ソーシャルワーカーは，外国籍の人も含めて相談に乗り，関係者・団体等と協力しつつ，課題解決に取り組む必要があり，所属する団体（協会）はその活動を支援する。　　(喜多　祐荘)

2. 社会開発(social development)

人びとが安心して生活し，社会参加できる社会の実現を目標に，個人・家族レベル，地域・環境レベル，交通・通信，教育，保健医療，就労，経済の各分野で，社会・文化的開発を行う。具体的には，ソーシャルワーカーは，貧困家庭の子どもの奨学金制度の構築，課外活動の支援，食生活の支援（子ども食堂），世代間交流や，交通機関の事故防止装置の普及（たとえば，視覚障害者等の安全の確保など）といった制度の開発を目指している。これに加え，子どもの発達課題や虐待の早期発見，療育支援，看護・介護用具の開発と普及，芸術，文化，スポーツ活動等における個別相談にも対応している。以上を通し，それぞれのクライエントに関係者・団体等が協力することでそれぞれのクライエントが有する課題の解決を果たすことを目指している。 （喜多　祐荘）

3. 社会的結束（social cohesion）

社会的結束は，ソーシャルワークの「中核となる任務」のひとつである。私たちの社会には，構造的障壁として，不平等・差別・搾取・抑圧があり，くわえて，個人的障壁もある。こうした障壁を取り除くために，ソーシャルワーカーは，社会変革を目指す。

その際に，社会のまとまりや人びとの社会的・精神的な結びつきを保持できるようにするが，けっして特定の人や集団の権利侵害につながらないようにしなければならない。 （宮崎　牧子）

4. エンパワメント（empowerment）

エンパワメントは，すべての人の潜在性の解放と，社会正義に基づき社会の構造的矛盾の解消を図るべく，社会的・構造的変化に同時に焦点をあてる，解放的・創造的な変化志向の概念である。その根底には人間の尊厳があり，問題の所在を個人に求め，個人の変化を引き起こすのではなく，問題を社会的状況の中で構造的に把握する。そして，抑圧され，社会の周縁に追いやられている人びとが権利や機会を獲得し，自分たちの生活のありようを決定する過程に参画し，周囲や社会への影響力を獲得していくのを支援することになる。

（久保　美紀）

5. 解放（liberation of people）

解放とは，差別・搾取・排除などの対象とされ，抑圧され，束縛された状況にある人びとを解き放つことであり，自由の回復といえる。ミクロレベルとマクロレベル双方の解放の視座が求められる。ミクロレベルにおける解放は，個人に内在化されている抑圧から解き放ち，また，本人が被抑圧を認識していない場合，その抑圧を顕在化させる，個人の内的解放である。マクロレベルの解放は，抑圧的な権力や不正義の状況を構造的に把握し，批判的意識を養い，そうした状況にある人びとととともに，その状況を変革していく，環境的解放である。

（久保　美紀）

6. 専門職（profession）

専門職とは，専門知識と専門技術を備え，その専門性に基づく特定分野の固有の業務を担い，社会の一装置としての地位を確立した職業のことである。専門職として一定の自律的な運営が可能であるということは，その存在の有用性が社会的に認められていることを意味する。ソーシャルワーク専門職には，構造的に不利な状況にある人びとにとって，意味ある支援活動を展開していることを明示することが求められる。倫理綱領では，ソーシャルワーク専門職が社会の中で，どのように機能し，どのような行動をとるべきかについて公言している。

（久保　美紀）

7. 原理（principles）

原理とは一般に，ものの拠って立つ根本的な原則や認識，さらには行為の根本法則と理解される。また，principles は原則とも和訳されており，それは人間の活動についての根本的な規則である。ソーシャルワークのグローバル定義（2014）では，社会正義，人権，集団的責任，および多様性尊重の諸原理は，ソーシャルワークの中核をなすとされている（新村出編　1998）。

（鎌田　真理子）

8. 学問(academic discipline)

ソーシャルワークはサービス利用者との対話的な過程における実践環境の中において，共同で作り上げられてきた研究と理論である。

ソーシャルワークとは，多くの学問によって支えられた応用科学であり，心理学や人類学からコミュニティ開発，看護学や保健学から精神医学などによって支持されており，相談支援における課題解決方略を開発する学問である。

(鎌田　真理子)

9. 社会正義(social justice)

正義にかなった社会では，誰もが社会資源と社会的便益に対する権利を等しく共有し，社会において尊重され，参加する。人種，性，年齢，障害の有無などがもたらす偏見は，社会的不正義をもたらし，これらの人びとの社会的機会や社会資源へのアクセスを制限し，人間としての価値と尊厳を覆い隠し，その責任をその人自身に押し付け，無力感に陥らせうる。人権は社会正義の基盤であり，社会正義を推進するものである (Dubois, B. L. et al.　2014＝2017)。

(高島　恭子)

10. 人権(human rights)

人権は，すべての人間が生来的に享有する。第一世代の権利とは，言論や良心の自由，拷問や恣意的拘束からの自由など，市民的・政治的権利を指す。第二世代の権利は，合理的なレベルの教育・保健医療・住居・少数言語の権利など，社会経済的・文化的権利を指す。第三世代の権利は，自然界，生物多様性や，世代間平等の権利に焦点を当て，連帯の権利ともされる。これらは，互いに補強し依存しあうもので，個人の権利と集団的権利の両方を含んでいる (日本ソーシャルワーカー連盟 HP)。

(高島　恭子)

11. 集団的責任(collective responsibility)

ソーシャルワーカーは集団がもつ特性を理解した上で，さまざまな価値観の小集団や共同体が周囲の環境に対して与える影響について理解をすることが重要である。これらを理解した上でソーシャルワーカーは自らの所属する専門職団体の負う使命や，引き受ける責任の大きさについて改めて理解し，その実践にあたることで，誰もが互恵的な関係を確立する社会の実現に貢献することが重要である。　（市川　和男）

12. 多様性尊重（respect for diversities）

ソーシャルワーカーは，個人，家族，集団，地域社会にある多様な考えや特徴を有する人びとの存在について認識し，享受することが重要である。また，その影響が個人，あるいは個人とその属する集団の双方へ影響を与える性質をもつことを十分理解し，公共の福祉を侵害するような権利の濫用とならないよう留意することが重要である。これらの観点を重視することで，ソーシャルワーカーは人間の尊重や多様性を尊重し，差別的で排他的な社会構造を変えることが期待される。　（市川　和男）

13. ソーシャルワーク（SW）の中核（central to social work）

ソーシャルワークは，社会変革と社会開発，社会的結束，および人びとのエンパワメントと開放を促進する実践に基づいた専門職であり，学問であるとしている。そして社会正義，人権，集団的責任，および多様性尊重の諸原理がその中核をなすとしている。

そのうえで，ソーシャルワークは，ソーシャルワークの理論，社会科学，人文学，および地域・民族固有の知を基盤として生活課題に取り組みウェルビーイングを高めるよう，人びとやさまざまな構造に働きかける。　（増田　公香）

14. ソーシャルワーク（SW）の理論（theories of social work）

ソーシャルワークは，地域・民族固有の知を基盤とした研究や実践評価から導かれるエビデンスベース（根拠に基づいた）支援から得られる知識の総体としての方法論である。そしてそれは人間と彼らを取り巻く環境が複層化していることを認識しなければならない。ソーシャルワーク実践の専門家は，クライエント個人や，組織，そして社会や文化の複雑な構造を分析し人間の行動や発達また社会システムに関する理論を構築することが求められる。（増田　公香）

15. 社会科学(social sciences)

社会科学は，人間集団や社会の在り方を主な研究対象とする学問である。研究対象が，人為的であり歴史的，文化的な制約を受けていること，事実を明らかにするだけでなく論拠を示し意味付けも行うことなどが，人文学とともに自然科学と異なる。社会の構成主体である人間の意思や意図などの価値により変化していく社会現象が研究対象であり，構成主体の行動の相互作用に関する因果関係にとどまらず，その背後にある意図の形成についての因果関係の解明を行う。（東　康祐）

16. 人文学(humanities)

人文学は，人間の精神や文化を主な研究対象とする学問である。哲学や思想などの価値それ自体が研究対象である。さらに，そこから得られる知識だけではなく，自然科学や社会科学が研究対象とする知識に関する知識（メタ知識）である論理や方法も研究対象であり，個別の研究領域や研究主題を超えて個別諸学を基礎付け連携させる役割を担っている。

グローバル定義の本文注釈の「知」の節では，社会科学と一体的に人間諸科学として述べられている（科学技術・学術審議会　学術分科会　2009)。（東　康祐）

17. 地域・民族固有の知(indigenous knowledge)

歴史を遡れば，世界各地域に先住民族がおり，独自の価値観などを生み出し，地域や民族固有の知を蓄積し，現代までに計り知れない貢献をしてきた。しかし歴史が刻まれる中で，西洋の諸理論が評価され，その知は軽視・過小評価をされてきた歴史がある。新しい定義では多様性の尊重も謳われ，地域・民族固有の知も含まれるが，過去の反省も踏まえ，先住民族たちの声に対し，耳

を傾けられるように重視され，記載された（三島亜紀子　2016）。　（上原　正希）

18. 生活課題（life challenges）

私たちは日々，仕事や家庭，地域生活などを営み，障壁が訪れ，乗り越えられない時に，ソーシャルワーカーが支援のための介入をする。支援にあたっては，利用者の思いや希望を出発点とし，収集した情報をもとに分析し，その人や社会，将来も予測し，支援の方向性を検討する。そして，その人らしい主体的に，やりがいや充実感を感じながら，幸福（ウェルビーイング）が高められるように，その人や社会に働きかけることが記載された。　（上原　正希）

19. ウェルビーイング（well-being）

ウェルビーイングは，人間の福利や幸福などと訳されることが多く，従前の福祉（welfare）を発展した形態であるとされている。福祉（welfare）においては，あるサービスの対象となるクライエントやその家族を支援対象とし，主に個人の支援ニーズや生活課題の解決を目指して進められてきた。他方，ウェルビーイングでは，それらの対象に留まらず，すべての人びとの生活や生活の質を高めるため，個人の福祉のみならず，社会全体の福利の向上を進める概念とされる。　（吉田　祐一郎）

20. さまざまな構造（structures）

社会が構成される多様な要素やそれらが重なり合っている状態を示すものであり，一般には社会構造などと解される。社会は人びとが歴史や文化，政治，経済活動などを行うことで成立しており，さまざまな構造とはこれらの集合体を指している。ソーシャルワークにおいては，これらのさまざまな構造に対し，個への相談援助やグループワーク，それからコミュニティワークや，政策の立案に至るまで，広くその実践を展開させることが期待される。

（吉田　祐一郎）

21. 働きかけ（engages）

ソーシャルワークは，人びとと環境との相互作用の接点に介入するものである。そこでのソーシャルワーカーの働きかけはミクロレベルからマクロレベルまでを視野に入れた広範囲で多様な活動を含むものである。

その働きかけは支援対象「のために」ではなく「とともに」，その対象の主体性を損なうことなく行われるものであり，ミクロレベルからマクロレベルまでの介入が一貫性をもって全体的に統合して行われるべきものである。

（北本　佳子）

2 「ソーシャルワーカーの倫理綱領 2020」から

1. 原理(principle)

原理とは，一般に「ものの拠って立つ根本法則。認識または行為の根本にあるきまり」「他のものがそれに依存する本源的なもの」，あるいは「特定の理念や原則を貫こうとする傾向」（新村出編 2018）と定義され，よく目にする用法としては，物理学の「テコの原理」，社会学や経済学などの「競争原理」や「市場原理」，マスコミで目にする「原理主義」などがなじみ深い。

一般に，私たち人間は，さまざまな自然的・社会的・文化的な環境に囲まれ，常に周囲の環境を把握・蓄積して自分なりの世界観を形成し，それに基づいて未来を予想し判断しながら生活している。しかし，１人の力では十分に環境を理解することはできない。そのため多くの専門家や研究者と呼ばれる人たちが，それぞれ特定の現象を取り上げ，その現象を生み出す要素やメカニズム等を解明し，「学問」や「教え」などの形で説明を試みているのである。

専門家や研究者が着目する対象は，物体の成り立ちや動きであれば物理学となり，人間の身体や行動ならば医学や心理学，交換の営みなら経済学，きまりや約束なら法学，見えない世界・人間の認識・人が大切にするものであれば，それぞれ宗教，哲学，倫理学などの領域となってくる。そして，それぞれ現象は一定の法則性があるため，ある現象を説明する際は，それが関係する「要素」や「それらの関係性やメカニズム」があるので「その現象は必然的に起こる」ものとして説明される。

従って「原理」とは，一定の結果（現象）を必然的に引き起こす原因（構成要素とその展開メカニズム）の関係性を意味している。言い換えれば，原理を説明することによって，なぜテコによって大きな力が得られるのか，なぜ物価が上がるのか，なぜ人は良い行いをしなければならないのか，などが説明できるようになるのである。

倫理綱領の「原理」の部分では「人間の尊厳」「人権」「社会正義」「集団的責任」「多様性の尊重」「全人的存在」の６つが構成要素としてあげられ，それぞれの説明文で「尊重する」「実現を目指す」「貢献する」「認識する」とされている。従って，私たちソーシャルワーカーが「6つの構成要素を明確に理解し受け入れ」，説明文のように「行動しプロセスを踏むならば」，おのずと「ソーシャルワーカーとしてあるべき姿」が浮かびあがってくる，ということを意味している（新村出編　2018）。

（保良　昌徳）

2. 全人的存在(holistic existence)

改正倫理綱領では，原理として６つをあげている。全人的存在はこの度，新しく付け加えられたものである。

「Ⅵ（全人的存在）ソーシャルワーカーは，すべての人々を生物的，心理的，社会的，文化的，スピリチュアルな側面からなる全人的な存在として認識する。」

これまでソーシャルワーカーは，身体的，心理的，社会的な側面からクライエントを理解すると述べられてきたが，そこに加えられたのが，文化的，スピリチュアルな側面である。それではなぜ，全人的にとらえるためにはその点が重要なのか。改正倫理綱領のよって立つ「ソーシャルワーカー専門職のグローバル定義」では，集団的責任，多様性の尊重が強調されて，世界的規模での平和とクライエントの理解を求めている。それぞれの国の宗教や文化を理解して，多様性を尊重してこそ支援が可能になる。

文化的，スピリチュアルな側面とは何か，この点がこれまで支援に欠けていたものであった。ソーシャルワーカーが単に，社会に用意されたサービスを提供するだけであったら文化的スピリチュアルな側面に関与しなくてもよいかもしれないが，クライエントの困難さに寄り添い，クライエントの価値観や生き方，宗教，死生観を理解して，サービスを提供しながらそのクライエントの回復や成長を支援するにはこの視点を抜きにすることはできない。

生育歴や生活歴を聞きながら，クライエントがそれぞれのライフステージをどのように過ごしてきたのか，生物的，心理的，社会的，文化的，スピリチュアルな側面を理解する。

どのように生き，どのように死にたいか，とくに高齢者で自ら語れなくなったクライエントへの接近は重要である。

ある18歳の学生が，特別養護老人ホームに実習に行ったところ，実習を始めて数日たった時に利用者の方から，「私は寂しい人なのよ」と声をかけられた。ひとり親の家庭で成長して，結婚して，子どもが生まれたが，その子も亡くなり今は1人なのだという。自分の人生について，80歳を過ぎた今になって「私はどう生きたのか，なぜ寂しいのか」を語りたいと彼女は思っていた。そんな彼女のこれまでの生活を支えてきた価値観とは何か，その人の生に対する根源的な意味まで踏み込めるソーシャルワークが求められている（久保美紀 2021，深谷美枝　2022）。

（杉山　佳子）

3. 社会的包摂（social inclusion）

社会的包摂とは「社会的包含」と訳されたり，ソーシャル・インクルージョンと表記されることもある。

一般にすべての人びとについて，その人自身が社会的に属する属性として，年齢，性別，経済状況，身体的または精神的状況，宗教的・文化的背景などの背景をもつ。さらにこれらの属性的な背景による諸条件ゆえに社会的に課題を抱える立場にある人びとが，孤独，孤立，排除，摩擦などの社会的な連帯やつながりとは異なる状況に置かれている場合がある。それらの緊張状態から対象者となる人びとを守るとともに，社会に同じく存在する構成員として社会的に連帯関係を構築し，支える理念および実践を通じた支援の取り組みをいう。

対語としての社会的排除（social exclusion）またはソーシャル・エクスクルージョンが1980年代に注目されたことにより，社会的包摂が施策として登場してきた経緯がある。これはEU加盟国の拡大や途上国からの出稼ぎによる先進国への労働者の移動が目立ち，外国人労働者と当該国の国民との摩擦や軋轢による問題や課題が顕在化したことで導入された施策である。

また教育の分野においてもノーマライゼーション（normalization）の理念拡大とともに，1980年代になるとインクルージョン（inclusion）の概念はインクルーシブな教育（inclusive education）として注目され，その促進のために1994年にはスペイン政府とともにユネスコ（UNESCO）においてサマランカ宣言が出された。この宣言の目的である「万人のための教育」（Education for All）を示し，学校におけるすべての子どもたちについて身体的・知的・情緒的・言語的・他の状態と関係なく，少数派の障害児・移民・文化的・人種的理由により特別なニーズをもつ子どもたちについても，包摂または包含をしていく養育の実現を謳っている。教育の場を通じたエンパワーメントの支援として教育分野においても理解されている。

わが国においては「社会的な援護を要する人びとに対する社会福祉のあり方に関する剣検討会」報告書（2000年12月）において，イギリスおよびフランスでの政策目標として「ソーシャル・インクルージョン」を「つながり」の再構築としてとらえて以来，ソーシャルワークをはじめ社会福祉や社会政策において必要不可欠な概念として位置付けている（中央法規出版編集部編　2016：240）。

（鎌田　真理子）

4. 人間の尊厳

人間の尊厳が踏み躙られることはしばしばある。たとえば，戦争，暴力，性差別，虐待，奴隷的労働，搾取などである。他方で資本主義社会にあっては，富のもてる者ともたざる者により格差が生じたりする。そして社会的な評価も異なってくる。しかし，すべての人間は，性，年齢，社会的身分，または民族に関係なく，尊厳において平等である。この概念は，社会に容認される特性が示されたときに評価されるというものではなく，すべての人間に価値を見出す平等性の倫理によるものである。もちろん，人びとを等しく扱うということは，彼（女）らを全く同じように扱うことを意味する必要はなく，また，すべきではない。むしろ，人間の尊厳においては，人間の尊厳の不可侵性が示され，ソーシャルワークの支援の論拠が人間の尊厳にあることを明記している。

よって倫理綱領においても第一に述べられる理念である。

倫理綱領の全文と原理の第1条にも人間の尊厳は言及されている。第1条では，下記のとおり記されている。

Ⅰ（人間の尊厳）　ソーシャルワーカーは，すべての人々を，出自，人種，民族，国籍，性別，性自認，性的指向，年齢，身体的・精神的状況，宗教的・文化的背景，社会的地位，経済状況などの違いにかかわらず，かけがえのない存在として尊重する。

ここで倫理綱領に関連して，3つの点について触れておきたい。

⑴　人間の尊厳が意味すること

ソーシャルワーカーがクライエント一人ひとりを，かけがえのない存在として尊重し，ともに生きることを目指す，ということである。それにより，クライエントに対しては，最大限に自由や平等が尊重される支援がもとめられる。

⑵　多様性との違い

「出自，人種，民族，国籍，性別，性自認，性的指向，年齢，身体的精神的状況，宗教的文化的背景，社会的地位，経済状況などの違いにかかわらず」と記されていることにより，2014年の倫理綱領に位置付けられていた多様性の尊重とどのように異なるかがわかりにくい，という指摘もある。多様性とは人間の尊厳を踏まえた上で，個別の人間が多様に異なることを認め，促進するというものである。人間の尊厳を前提に多様性の促進は述べられている。

⑶　性について

倫理綱領では，性についてより適切に理解し取り組むために，従来のような性というひとつのカテゴリーで括らず，性別，性自認，性的指向と表記している。このように示すことで，人間の尊厳というかけがえのなさがあることにつ

いて示唆している。　　　　　　　　　　　　　　　　　　　　（星野　晴彦）

5. 人間疎外

マルクスの提唱した労働環境における人間疎外という定義が一般に普及している。これは技術の進展により，また資本主義化にあって，格差も拡大し人間らしさが失われていくというものである。一般に疎外とは「のけ者にされる」という意味で用いられているが，マルクスはこれに独自の意義をもたせている。すなわち，本来なら人間の支配に服すべき人間の社会的産物が，逆に人間を支配し，人間に敵対する力としてあらわれることにより，人間の本来の姿が失われることに対し，人間疎外とよんだのである。

人間疎外の中心をなすのが，搾取である。一般に労働生産物は，生産者の自由な意志に基づく労働によって生産されることにより，生産者の所有となる。しかし階級社会にあっては，支配階級が生産手段を所有することによって生産者は生産手段に結合され，自由な意志に基づく労働ではなく外的・強制的な労働を強いられる。しかも労働生産物は支配階級が独占して所有するという搾取により，自由な意志を疎外されて逆に労働生産物は労働者にとって支配的・敵対的なものとなってあらわれる。結果的に，人間が機械を構成する部品のような存在となっていき，人間らしさが無くなってしまう。人間の社会活動による産物，たとえば，労働活動による生産物，社会関係，労働環境が，人間を支配してしまう。そのことによって，人間の本質は取り除かれ，また他の人間との社会関係もゆがめられてくる。

具体的には経済効率化が求められ，マニュアル化された労働環境では，人は自分の本来的な「人間らしさ」を忘れて，規定された業務に効率的に従おうとしてしまう。「自分」に対しても「他者」に対しても共感という感情を挟まずに接する。相手が困っていようと，そこに何ら感情をはさまずにマニュアル通りの対応をする。

倫理綱領では，前文に下記の通り，人間疎外について言及されている。

社会変動が環境破壊および人間疎外をもたらしている状況にあって，この専門職が社会にとって不可欠であることを自覚する。

人間は成長発達の過程で数多くの社会的経験を積み，自分自身の価値を形成し，人に対する思いやりや善悪の判断などの倫理観や道徳的思考も培われていく。しかし，人間疎外の状況では，人はそれまでに培われてきた心が揺らぎ倫理観や価値が歪んでいく。なおこの人間疎外はクライエントのみならず，ソーシャルワーカーもあてはまる。（星野　晴彦）

6. ソーシャルワーカーの職責

倫理綱領では前文に下記のとおり言及されている。

ソーシャルワーカーの職責についての一般社会および市民の理解を深め，その啓発に努める。

倫理綱領より，下記の点があげられる。組織人として組織の指示に従うばかりでなく，専門職としての社会的責任に則った行動が求められる。

Ⅰ　クライエントに対する倫理責任

（クライエントとの関係）（クライエントの利益の最優先）（受容）（説明責任）（クライエントの自己決定の尊重）（参加の促進）（クライエントの意思決定への対応）（差別や虐待の禁止）（権利擁護）があげられる。

とくに（クライエントとの関係）では「ソーシャルワーカーは，クライエントとの専門的援助関係を最も大切にし，それを自己の利益のために利用しない。」（クライエントの利益の最優先）では「ソーシャルワーカーは，業務の遂行に際して，クライエントの利益を最優先に考える。」と記されている。

Ⅱ　秘密の保持と記録の開示

（プライバシーの尊重と秘密の保持）（記録の開示）があげられる。

とくに（記録の開示）では，「クライエントから記録の開示の要求があった場合，非開示とすべき正当な事由がない限り，クライエントに記録を開示する」，と述べられている。

Ⅲ　情報処理技術の適切な使用

時代の要請として，ソーシャルワーカーには情報処理技術の適切な使用（セキュリティ対応含む）が求められるようになった。

Ⅳ　組織・職場に対する倫理責任

ソーシャルワーカーは，自らが属する組織・職場の基本的な使命や理念を認識し，最良の業務を遂行する一方で，組織・職場におけるあらゆる虐待または差別的・抑圧的な行為の予防および防止の促進を図り，人びとのニーズや社会状況の変化に応じて組織・職場の機能を評価し必要な改革を図る，ことが求められている。

Ⅴ　社会に対する倫理責任

（ソーシャル・インクルージョン）（社会への働きかけ）（グローバル社会への働きかけ）があげられる。とくに，（ソーシャル・インクルージョン）では，「あらゆる差別，貧困，抑圧，排除，無関心，暴力，環境破壊などに立ち向かい，包摂的な社会をめざす」と記されている。

Ⅵ　専門職としての倫理責任

（専門性の向上）（社会的信用の保持）（専門職の擁護）（信用失墜行為の禁止）

とくに，（専門性の向上）では「ソーシャルワーカーは，最良の実践を行うために，必要な資格を所持し，専門性の向上に努める」と示されている。

（星野　晴彦）

7. スピリチュアルな存在

ソーシャルワーカーの倫理綱領は，クライエントを「全人的存在」としてとらえることが重要であることから，「ソーシャルワーカーは，すべての人々を生物的，心理的，社会的，文化的，スピリチュアルな側面からなる全人的な存在として認識する」（原理7）と述べている。すなわち全人的存在にはスピリチュアルな側面が含まれるということであり，ソーシャルワーカーは，その実践において，クライエントのスピリチュアルなニーズに着目し，対応することが求められている。それでは人間のスピリチュアルなニーズとはどのようなものであろうか。

スピリチュアルなニーズの例として，老人ホームなどで行われる回想法を考えてみたい。過去には仕事や家庭で精いっぱい働き，楽しかったことや苦しかった多くの思い出をもつ高齢者が，人生が終わりに近づいていることを感じると，過度に不安感や喪失感をもつようになる。回想法はとくに認知症の高齢者を対象にして，昔の写真や思い出の品物などを見たり触れたりしながら昔のことを話し合うことであり，自らの生活への安心感と自尊感情を取り戻すための支援方法である。これらは単に記憶を呼び戻すというだけでなく，彼（女）らのその人生において重視してきた精神性を想起させ，あるいは人生の意味づけを再確認するための，まさに高齢者のスピリチュアルな側面に対する支援ニーズへ対応するものといえるのではないだろうか。

またロシアのウクライナへの侵攻により，家や故郷を追われて難民となったウクライナ国民は国内外で1,000万人以上といわれる。日本政府も1,000人以上の避難民を受け入れた。彼らに対して住む家や仕事や学校教育や日本語教育を提供することが最優先されるのは当然であるが，ウクライナ避難民が自ら強く要望して，実現したのは，地域の公会堂を借りて，そこにウクライナ避難民が集い，伝統的なウクライナ正教の礼拝を行うことであった。生存が脅かされるような状況において，祖国や家族や友人や知人のために集まって祈るのはまさに彼らのスピリチュアルなニーズによるものである。

医学の進歩による高度医療の発達により，先進治療を受ける可能性や，延命の選択肢が増えているが，その一方で，それらを望まずに緩和医療やホスピスを選択する人も少なくない。尊厳ある死を求めるクライエントや家族に寄り添い，全人的な存在としてのクライエントに誠実にかかわることが求められる。

さらに，特別養護老人ホームでも，人生の最後はできるだけ入院を避けて，暮らしていたホームで看取りをするという取り組みも行われている。

（春見　静子）

8. 倫理基準

倫理綱領は，前文，原理，倫理基準で構成されている。倫理基準は，前提となる理念をしめす原理に対して，ソーシャルワーカーが遵守すべき基準を示している。なお倫理基準は，倫理綱領を行動レベルで具体化したものではない。

倫理基準は，「Ⅰ　クライエントに対する倫理責任」「Ⅱ　組織・職場に対する倫理責任」「Ⅲ　社会に対する倫理責任」「Ⅳ　専門職としての倫理責任」で構成されている。

「Ⅰ　クライエントに対する倫理責任」には，（クライエントとの関係）（クライエントの利益の最優先）（受容）（説明責任）（クライエントの自己決定の尊重）（参加の促進）（クライエントの意思決定への対応）（プライバシーの尊重と秘密の保持）（記録の開示）（差別や虐待の禁止）（権利擁護）（情報処理技術の適切な使用）がある。

（クライエントの自己決定の尊重）では「ソーシャルワーカーは，クライエントの自己決定を尊重し，クライエントがその権利を十分に理解し，活用できるようにする。また，ソーシャルワーカーは，クライエントの自己決定が本人の生命や健康を大きく損ねる場合や，他者の権利を脅かすような場合は，人と環境の相互作用の視点からクライエントとそこに関係する人々相互のウェルビーイングの調和を図ることに努める。」と自己決定に関するジレンマが起きたときに，人と環境の相互作用の視点からお互いのウェルビーイングを探る方向性が示されている。

「Ⅱ　組織・職場に対する倫理責任」では，（最良の実践を行う責務）（同僚などへの敬意）（倫理綱領の理解の促進）（倫理的実践の推進）（組織内アドボカシーの促進）（組織改革）がある。（最良の実践を行う責務）では，「ソーシャルワーカーが，自らが属する組織・職場の基本的な使命や理念を認識し，最良の業務を遂行する。」とある。そこでは，組織の一員としてその使命を認識する必要性が（同僚などへの敬意）（組織内アドボカシーの促進）（組織改革）に加えられている。

「Ⅲ　社会に対する倫理責任」では，（ソーシャル・インクルージョン）（社会への働きかけ）（グローバル社会への働きかけ）があげられている。

「Ⅳ　専門職としての倫理責任」では，（専門性の向上）（専門職の啓発）（信用失墜行為の禁止）（社会的信用の保持）（専門職の擁護）（教育・訓練・管理における責務）（調査・研究）（自己管理）があげられている。　（星野　晴彦）

9. クライエント

グローバル定義が2014年に採択され，日本ソーシャルワーカー協会，日本社会福祉士会，日本医療事業協会，日本精神保健福祉士協会からなる「日本ソーシャルワーカー連盟綱領委員会」の検討作業が行われた。その会議の中で，グローバル定義の内容を反映し，「ソーシャルワーカーの倫理綱領」では「利用者」という言葉から「クライエント」に変更することが採択された。理由は，すでに「クライエント」という言葉がソーシャルワーク実践の中で根付いてきているという認識による。倫理綱領の注で，「本綱領にいう『クライエント』とは，『ソーシャルワーク専門職のグローバル定義』に照らし，ソーシャルワーカーに支援を求める人々，ソーシャルワーカーが必要な人々及び変革や開発，結束の必要な社会に含まれるすべての人々をさす」としている。

（松永　千惠子）

10. 専門的援助関係

ソーシャルワークにおける専門的援助関係とは，「ソーシャルワーカーがクライエントに専門的援助を行うことを目的とした職業的関係であり，援助の前提となる」（竹中麻由美 2021：188）ものである。

ソーシャルワーカーの倫理綱領（2020年改定）においては，「倫理基準のⅠ クライエントに対する倫理責任」の中で，「ソーシャルワーカーは，クライエントとの専門的援助関係を最も大切にし，それを自己の利益のために利用しない」と示されている。

バイステックは，この専門的な援助関係を形成する要素として，「クライエントを個人として捉える」「クライエントの感情表出を大切にする」「援助者は自分の感情を自覚して吟味する」「受けとめる」「クライエントを一方的に非難しない」「クライエントの自己決定を促して尊重する」「秘密を保持して信頼関係を醸成する」の７つの原則を著した（Biestek 1957：27）。

そして，専門的援助関係はソーシャルワークの過程と「一体となって機能しているもの」であり，良好な援助関係が形成できなければ，ソーシャルワークの過程も「生命をなくしてしまう」とし，対人援助にかかわる専門職の中でもとくにソーシャルワークにおいては「援助というサービスの本質を維持するためにも不可欠」なものとして強調している（Biestek 1957：29-30）。

また，ソーシャルワーク実践の基礎となるエンパワメントの視点においては，『クライエント本人を主体とし，受け身の客体としてコントロールされる被援助者から，「自分自身の生活の専門家」として生活主体者たるクライエント本人の生活の過程を，ワーカーがともに歩んでいく協働作業』（久保美紀 2012：202-203）の関係が重視される。

ソーシャルワーカーは自身の自己覚知を基に，常にこれら専門的援助関係のあり方を問いながら実践していくことが求められる。　（松永　千恵子）

11. 受容

ソーシャルワークにおいて受容（acceptance）とは，クライエントの生活や価値判断に対し，ソーシャルワーカー自身が有する個人的価値に沿って判断することなく，尊重していることを意味する。クライエントとの関係においてソーシャルワーカーは，各クライエントが有するニーズや願望，それぞれが固有の支援ニーズや願望をもつ個人であることを意識し，支援を行う姿勢が強く求められる。

たとえば，ソーシャルワーカーがクライエントとの間において専門的援助関係を形成する際，重要なことのひとつとして信頼関係（ラポール）の形成がある。なぜなら，彼らとの信頼関係の構築をすることが難しい場合，ソーシャルワーカーはその専門性を十分に発揮することは難しいからである。

ソーシャルワーカーはその実践課程において，クライエントとの面談を通し，彼らのニーズや願望を理解し，個別支援計画を策定することが求められるが，これらの過程において，クライエントの有するニーズや願望について受容できずして，本当の意味で信頼関係の形成を行うことはできるのだろうか。

おのおのの支援ニーズや願望を有するクライエントに対し，先入観や偏見をもたずに支援をすることは容易ではない。ソーシャルワーカーとクライエントが異なる背景をもつ人間である以上，ソーシャルワーカーは常に個人的価値と専門的価値の間で逡巡しつつ，その実践を行っている。時には，ソーシャルワーカーのクライエントに対する思いが強く，クライエントに対する逆転移（Counter Transferences）がその実践に悪影響を及ぼすこともあるだろう。

また，たとえば，優れたソーシャルワーカーは，それまでに培ってきた実践知や理論知を用いることで，その都度，目の前のクライエントが置かれている状況の実存的な意味について推し量り，相談援助に効果的なアプローチをすることが可能である。

しかしながら，一人ひとりのクライエントを個別化してみることができない場合には，それらの知識は先入観や偏見を作り出すものとなり，クライエントとの信頼関係を大きく損なうことにも成りかねない。

それでは，このような専門的援助関係における悪循環を防ぐために，ソーシャルワーカーはどのようなことができるのだろうか。目の前のクライエントの有する一つひとつの支援ニーズや願望を適切に受容するためには，日々の支援において批判的な省察（critical reflection）をもつことが望ましいだろう。自身のクライエントやその置かれている状況に対する考えを支援の全体構造の中で適切に位置づけることで，自身の個人的な価値やクライエントの有するニーズや願望を再確認し，必要に応じて構築し直すこともまた，必要と考えられる。

（益子　徹）

12. 説明責任

ソーシャルワークにおける説明責任（accountability）とは，クライエントへの実践がその専門的価値に則って行われていることを説明するものである。これらを実現するためには主に３つの観点でその説明責任を果たすことが求められる。

第一に，ソーシャルワーカーはパワーレスな状態にあるクライエントに対し，彼らがその支援の中心に位置づいており，かつ，その支援において十分に権利が保障された存在であることを説明する責任がある。

近年，我が国において，多様な背景をもつ人びとの存在が可視化されつつある。このような中で，ソーシャルワーカーは，さまざまな背景をもつ多種多様なクライエントとやり取りをすることが求められる。

たとえば，言語や文化的な違いを加味したうえで，その権利やサービスについて説明する必要があります。あるいは教育を十分に受けることが困難であったクライエントや，社会制度について十分な理解が難しいクライエントに対しては，理解度に合わせてその権利や用いることができるサービスについて説明することで，倫理的な決定を促す必要がある。

第二に，ソーシャルワーカーはその支援において，クライエントから支援方針や計画策定の根拠について開示を求められた場合には，適切にこれを開示する必要がある。適切な説明責任を果たすことは，より強固な専門的援助関係を構築することにも繋がるものであり，まさにソーシャルワーク実践の中心を成すものであるといえるだろう。

それから第三に，クライエントのみでなく，ソーシャルワークの実践は，社会的にもその価値判断の適切性などについて説明しうるものであることが期待される。ソーシャルワーク実践は各国の地域でその基本的な機能や役割について，まさに社会的な信頼を得たうえで成される実践である。従って，クライエントやその家族のみでなく，その実践の適切性について，地域住民等に説明可能であることが期待されるものであるといえるだろう。

このほかにもマクロ・ソーシャルワークでは，専門職集団として社会運動をする際や声明を発する機会などもあるが，その趣旨をどのように国内外に発信していくのかといったことも含め，ソーシャルワークに関わる団体は説明責任を有していると考えられる。　（益子　徹）

13. 自己決定

ソーシャルワークにおける自己決定（self determination）においては，各クライエントがその社会的な規範に反しない限り，彼らの有するニーズや願望，それぞれの目標に対し決定をすることが重要になる。

ここには，それぞれのクライエントには自分の判断によって自らの生き方を決定していく権利と欲求があることを前提としており，自己決定を行うことが難しいクライエントの場合には，その意思決定の支援をすることが重要であることがいわれている。

この自己決定に重要なことは，クライエントとの間における信頼関係の構築がある。ソーシャルワークの対象となるクライエントの中には，長年に渡り周囲からの抑圧を受け続けてきた人びとも少なくない。たとえば，虐待やなんらかの障害を有することで自己決定の機会を得られてこなかった可能性も各クライエントの背景には含まれることがある。これらの自己決定の機会が達成されなかったことは，十分に自己肯定感を高めることができない結果をもたらすことも想定される。他者が決定することを拒絶する自由をクライエント自身が有しているということに気づかないケースもある。

自己決定とは他者の関与や周囲の環境との相互作用も含んだ行為といえる。そのため，ソーシャルワーカーにはクライエント自身が自己肯定感を高め，自らに自己決定権があることに気付けるような働きかけをすることが期待される。これらの働きかけはその権利を保障する上で重要なものであるといえるだろう。

ソーシャルワークにおける自己決定（self determination）においては，それぞれのクライエントが自らの人生を決定していく権利や欲求を有していることを前提とした働きかけを重視している。

彼らのその欲求や決定が社会的な規範に反しない限り，それらは尊重されるものであり，自己決定が難しいクライエントにおいては，その意思決定の支援が必要とされている。

その過程を支える中で，ソーシャルワーカーとクライエントの間では，信頼関係の構築が重要である。たとえば，クライエントの中には，自分自身の生命を脅かすことや，他者への危害に繋がる決定をすることがあり，ソーシャルワーカーはそれらの場面に遭遇した際には，その行為を制止し，その理由を彼らに説明することが期待されることもある。

あるいは，自己決定が他者の関与や周囲との環境との相互作用である以上，障害やその他の理由で長年にわたり周囲からの抑圧的な対応をされてきた結果，自己肯定感と自己決定の機会が奪われ続けるケースも少なくない。これらの場合，クライエントが自身のことを決定する自由や，他者の決定した事項について抗う自由を有していることにすら，気が付かないこともある。彼らの意思決定の支援の際には，彼らが肯定的に自身を受け止められるように支援する中で，それらの権利を有していることについて気づけるように促すことも重要といえよう。

これらより，ソーシャルワーカーがクライエントの自己決定を支援する際には，何が彼らの自己決定を阻害しているのかを慎重にアセスメントし，彼らの意思を尊重しつつ支援を提供することで，自らの人生を決定していく権利を保障していくことが望まれる。

（益子　徹）

14. ソーシャルワーカー

「日本ソーシャルワーカー連盟倫理綱領委員会」の検討作業の中で，「相談員」ではなく「ソーシャルワーカー」という言葉を使用することが採択された。

この背景には，「ソーシャルワーカー」という用語は，これまであまり使われてこなかったが，福祉の研究者や従事者の間では，すでに「ソーシャルワーカー」は福祉の専門職との認識があったためである。

我が国では，社会福祉制度が対象者の属性ごとに創設され，その中で実践者はさまざまな呼称で呼ばれ，「ソーシャルワーカー」とは呼ばれていなかった。社会福祉士と精神保健福祉士の国家資格化に際しても，カタカナではなく漢字での呼称が望ましいとされてこの2つの国家資格の名称が誕生した。しかし，2021（令和3）年度導入の社会福祉士の新カリキュラムでは，「相談援助」という科目名はすべて「ソーシャルワーク」に変更された。「相談援助」という言葉からは，個人を対象とした支援という印象を受けるが，「ソーシャルワーク」は個人の支援から地域づくりまで幅広い実践を含んでおり，地域共生社会の実現に向けて，ソーシャルワーク機能が重要であると認識されるようになったためである。欧米では，1970年代以降，ジェネラリスト・ソーシャルワークの必要性が打ち出され，実践は「ソーシャルワーク」と呼ぶのが一般的になり，実践者も「ソーシャルワーカー」と呼ばれるようになった。このような流れがあり，今回の検討作業では，「ソーシャルワーカー」という用語を使用することになった。

グローバル定義では，定義を確定させた国際ソーシャルワーカー連盟と国際ソーシャルワーク学校連盟による文言の注釈が付されており，その注釈にソーシャルワーク専門職の「中核となる任務」がある。以下，その抜粋である。

「ソーシャルワーク専門職の中核となる任務には，社会変革・社会開発・社会的結束の促進，および人々のエンパワメントと解放がある。（中略）不利な立場にある人々と連携しつつ，この専門職は，貧困を軽減し，脆弱で抑圧された人々を解放し，社会的包摂と社会的結束を促進すべく努力する。」

この文言により「ソーシャルワーカー」の任務とは，現在の社会で社会的弱者の人びとを支えるために必要であり重要なものであることを認識させてくれる。

（松永　千恵子）

15. ソーシャルワークの知識

国際ソーシャルワーカー連盟および国際ソーシャルワーク学校連盟が2014年に採択した「ソーシャルワーク専門職のグローバル定義」では，ソーシャルワークの知識について「ソーシャルワークの理論，社会科学，人文学，および地域・民族固有の知」が示されている。

また，「ソーシャルワーク専門職のグローバル定義」の「注釈」では，ソーシャルワークの「知」について，「複数の学問分野をまたぎ，その境界を越えていくもの」であり，ソーシャルワークの理論的基盤と研究に加え，「コミュニティ開発・全人的教育学・行政学・人類学・生態学・経済学・教育学・運営管理学・看護学・精神医学・心理学・保健学・社会学など，他の人間諸科学の理論をも利用する」とされている。

同時に，ソーシャルワークの知識は，「特定の実践環境や西洋の諸理論だけでなく，先住民を含めた地域・民族固有の知にも拠っている」ことが示されている。「植民地主義の結果，西洋の理論や知識のみが評価され，地域・民族固有の知は，西洋の理論や知識によって過小評価され，軽視され，支配された」ことの反省から「世界中の先住民たちの声に耳を傾け学ぶこと」が強調される。さらにソーシャルワークの知は，「先住民の人々と共同で作り出され，ローカルにも国際的にもより適切に実践されること」が期待されている。

ソーシャルワークの知識はこれまでさまざまな分野の学問知識を応用しながら，クライエントとのかかわりの過程を通して，クライエントや地域で暮らす人びとともに蓄積されてきた。それぞれの地域で暮らす人びとのニーズに即したソーシャルワークの知識があり，またそれらを中心とした実践が重要といえる。

クライエントの抱える生活課題への取り組みのために，さまざまな領域の研究の中から見出される知識と，それぞれの地域で暮らすクライエントとのかかわりから得られる実践知を蓄積していくこと，そしてそれらを次の実践に活かしていくことの積み重ねが必要とされている。（木村　潤）

16. 情報処理技術

12.（情報処理技術の適切な使用）ソーシャルワーカーは，情報処理技術の利用がクライエントの権利を侵害する危険性があることを認識し，その適切な使用に努める。

本項目は，新倫理綱領策定にあたり，新たに追加された項目である。ソーシャルワーカーは，自身が担当した相談支援を初めとして行った業務については必ず記録に残す。個別の相談支援の内容は当然ながら守秘義務が課されており，取り扱いに十分な配慮が必要である。そのような状況の中，情報処理技術の進歩とともに記録はかつての紙媒体からデジタルテクノロジーを活用したものに移っている。つまりはパソコン，タブレット，スマートフォンを利用し記録を作成し，保存，そして関係者と共有している。そこでソーシャルワーカーは，デジタルテクノロジーやソーシャルメディアの使用がクライエントの権利を侵害する恐れがあることを認識し，その適切な使用に努めることが必要なため，本項目が追加された。　（松永　千惠子）

17. 倫理的実践

「倫理的実践」は倫理綱領Ⅱ「組織・職場に対する倫理責任」に位置付けられている。

この項では組織・職場の為に貢献し，同僚や他の専門家と連携し，トラブルの際はこうするという我々の姿勢を明示した。

「倫理的実践」は，旧綱領の項目「業務改善の推進」を「倫理的実践の推進」に修正し，実践の内容を明確にした。ソーシャルワーカーは倫理綱領に基づき行動するだけでなく，専門職として組織内において倫理綱領が理解され，認識されるように働きかけること。それが追い付かなくて，実際に倫理に反することが起きた時に，あるいは業務内容が倫理に反している時に，それを一歩踏み込んで，倫理綱領に近いように変えるということである。

倫理的実践とは，葛藤とかジレンマではなく，実際に変えるという意味である。　（甲田　賢一）

18. アドボカシー

アドボカシーは，ソーシャルワークの代弁的機能とも弁護的機能とも呼ばれるものである。クライエントが必要なサービスを確実に受けられるように，施設や機関に対して働きかけを行ったり，あるいはクライエントの不利な状況を変えたり改善するために，本人だけではなく，関係者やグループや地域社会なども巻き込んでアクションを起こすことなどである。場合によってはサービスの決定や内容についての権限をもつ当局や政治家に働きかけを行うこともある。

アドボカシーに関して倫理綱領では，「クライエントに対する倫理責任」の5で，「ソーシャルワーカーは意思決定が困難なクライエントに対して，常に最善の方法を用いて利益と権利を擁護する」とあり，11では，「ソーシャルワーカーは，クライエントの権利を擁護し，その権利の行使を促進する」と述べている。

虐待を受けている子どもは，侵害されている自分の権利を主張することはほとんどできず，かつ，虐待する親にもさまざまな事情があるであろう。しかし，子どもの権利を代弁し，弁護するのはソーシャルワーカーの役割である。

たとえば，年金で暮らすお年寄りと同居しているひきこもりの息子が親の年金を頼り生活し，虐待しているようなケースでも，親の権利を擁護するために，ソーシャルワーカーは最善の努力をしなければならない。

また，社会福祉協議会などが広く行っている，日常生活自立支援事業は，認知症や知的障害や精神障害などにより，判断能力に困難があり生活に支障をきたすような人に，日常生活の自立に必要なサービスを提供したり，福祉サービスの代行をしたり，金銭管理サービスを行うことにより，できるだけ長く地域社会で暮らし続けられるように支援するもので，その必要性はますます大きくなっている。

さらに，日本に在留していて，政府から滞在許可が得られないために，国外への退去を求められている外国人が収容されている施設の処遇が非人道的で，人権が護られていないような場合に，ソーシャルワーカーは，当事者や関係する他の専門職や団体，市民と連帯して，処遇の改善のために，関係機関に陳情したり，法律や制度の改正のための署名を集めたりたりしてソーシャルアクションを行うことがある。このような権利擁護活動は個人を対象とするケースアドボカシーに対して，コーズアドボカシーといわれる（山辺朗子 2011）。

（春見　静子）

19. グローバル社会

2014年制定されたソーシャルワークのグローバル定義は，ソーシャルワークが集団的責任や多様性の尊重を中核的な原理として，社会変革，社会開発，社会的結束を促進する専門職であることを強調した。

集団的責任や多様性の尊重はまさにソーシャルワーカーの視野がグローバルな社会に開かれているべきであることを示している。また社会変革や社会開発や社会的結束を可能にするためには，各国と地域のソーシャルワーカーのパートナーシップと協力が必要である。

われわれはコロナ・パンデミックを体験し，世界各地の戦争や紛争による難民の数が1億人を超えているという現実や，気候変動による地球の温暖化が将来の人間の生存を脅かすものであるということを自覚するときに，これらが世界で最も貧しい国や地域で暮らす人びとに深刻な経済格差や不平等をもたらすだけではなくて，ひとつの地球で生活する全人類の将来にとっての危機であることを理解する。そのためにソーシャルワーカーは知恵を出し合い，自分たちのスキルを活用して，他の専門職や人びとと協力することが求められている（日本ソーシャルワーカー協会　2021）。

このような認識から，国連は2015年，150以上の参加国の賛成を得て「持続可能な開発目標（SDGs）」を決議した。そこでは，2030年までの達成を目指して取り組むべき17の開発目標が示されており，それらはグローバルな社会を意識して活動するソーシャルワーカーの目指す目標にも十分に一致するものである。

倫理綱領では，社会に対する倫理責任の3で，「ソーシャルワーカーは，人権と社会正義に関する課題を解決するため，全世界のソーシャルワーカーと連帯し，グローバルな社会に働きかける。」と述べている。

国際ソーシャルワーカー連盟（IFSW）は世界の135か国のソーシャルワーカー協会をメンバーとする世界的組織であり，本部に加えて5つの地域組織があり，日本はアジア・太平洋地域組織に所属している。IFSWは2010年～2020年と2020年～2030年のそれぞれの10年ごとに「ソーシャルワークと社会開発のためのグローバル・アジェンダ」の枠組みをつくり，各国と各地域組織はその枠組みに沿った実践を行い，それを報告書にまとめて出版している。2020年から2030年のテーマはウブントゥ（Ubuntu），すなわち，皆があって，私があるの意味であり，これはネルソン・マンデラが世界に広めた言葉である。その意図は社会連帯と世界的結合を強化するということである（高島恭子 2020）。

（春見　静子）

20. 専門性（professionality）

専門性の訳語にはexpertiseやspecialityなどがあるが，2014年の「ソーシャルワーク専門職のグローバル定義」（Global Definition of the Social Work Profession）（IFSW　2014）から，Professionalityを用いる。

「専門」の一般的な意味は「特定の分野をもっぱら研究・担当すること」（新村出編 2018）であることから，専門性は「特定の分野の研究や担当（実践・サービスの提供）ができる人や組織の特性」と理解することができる。また，専門性（Professionality）には，その特定の実践が，社会に必要とされる実践・サービス等を提供するひとつの専門職として成立し，（対価を得ながら）社会的に機能しているという意味が含まれている。

これらの内容から，専門性（専門といわれる人や組織の特徴）には，①その分野の研究や実践やサービス等の提供できる資質（実力や方法）を有していること，②（そのためには）提供できる実力を担保する知識や技術が共有されていること，③社会においてはプロとして地位が築けていること，④プロとして，実践の説明責任・継続性などの責任があること，⑤（契約が成立すれば）対価を得ても差し支えないこと，などがあげられる。

上記の専門性に，ソーシャルワーカー（IFSWのグローバル定義を受け入れ，ソーシャルワーカーの倫理綱領の遵守を誓約し実践に携わる者）に適用した場合，上記の特性に加え，以下のようにとらえることができる。

グローバル定義には，ソーシャルワークは，実践に基づいた専門職であり学問であるとされ，実践の形，原理，基盤，目標，方法，対象など示され，倫理綱領には，グローバル定義を基盤とすること，倫理綱領を遵守することなどが明記されている。現時点でのソーシャルワーカーの専門性とは，①グローバル定義を受け入れ実践の基盤としていること，②倫理綱領の遵守を誓約しそれが保たれていること，③ソーシャルワークに必要とされる資質を有していること，④プロとしての義務を果し，継続性が担保されていること，⑤自らの実践内容や効果等についての説明責任が果たせること，⑥倫理綱領を遵守していること，などをあげることができる。

ソーシャルワークが，グローバル定義と倫理綱領を基盤としていること，そしてグローバル定義が，その考え方や方法において，普遍的あり方に向かっていることは，ソーシャルワーカーの専門性を考える上で大事なポイントである。

（保良　昌徳）

21. 専門職の啓発

「専門職の啓発」は，倫理綱領Ⅳ「専門職としての倫理責任」に位置づけられている。ソーシャルワーカーの専門職としての倫理責任の柱は専門性の向上に努め，最良の実践を行うことである。「啓発」はその上でクライエント・他の専門職・市民に専門職としての実践を適切な手段をもって伝え，社会的信用を高めるよう実践を通じて行う責任を，旧綱領に引き続き明らかにした。加筆されたのは「適切な手段をもって伝え」と「高めるよう努める」とした部分でソーシャルワーカーの姿勢としてわかりやすくした。ここでいう実践は所属組織に限定せず他の専門職との連携・チーム・協働等広くとらえられている。

（甲田　賢一）

22. 専門職の擁護

5.（専門職の擁護）　ソーシャルワーカーは，不当な批判を受けることがあれば，専門職として連帯し，その立場を擁護する。

2005年の倫理綱領を2020年の倫理綱領に改定した際に変更となった本条文の箇所は，通し番号のみであり，条文そのものは改定されてはいない。この条文は，たとえば，専門職である自身が不当な批判を受けた際は，他の専門職と連帯して自らの立場を擁護するのであり，また，他の専門職が不当な批判を受けていれば，自らも専門職として連帯し，他の専門職の立場を擁護するのである。つまりソーシャルワーカーが相互に連帯し協力しあうことを意味しており，また，それがソーシャルワーク専門職としての倫理責任であるということを意味している。不当な批判を受けた際の，専門職と連帯し立場を擁護する方法は具体的には述べられていないが，たとえばそのような必要に迫られたときは，信頼できる同僚，スーパーバイザー，自身が職場組織とは別で所属するソーシャルワーク職能団体やその倫理委員会，あるいは法律顧問などに相談することなどが具体的方法として提起できる。また，不当な批判を客観的に分析し，それをもとにソーシャルワークの専門価値や原則などと矛盾しない形で冷静に社会に訴え働きかけるということも必要な場合がある。不当な批判が，専門職としてのソーシャルワーカーに向けられたのであれば，ソーシャルワーク専門職そのものが不当な批判にさらされているのであるから，多くのソーシャルワーカーと連帯して立場を擁護することが専門職としての倫理責任となる。

（高石　豪）

23. 自己管理

8.（自己管理）　ソーシャルワーカーは，何らかの個人的・社会的な困難に直面し，それが専門的判断や業務遂行に影響する場合，クライエントや他の人々を守るために必要な対応を行い，自己管理に努める。

本条文は，2005年の倫理綱領を2020年の倫理綱領に改定した際に，新規条文として規程されたものである。日本ソーシャルワーカー連盟倫理綱領委員会制作『改定「ソーシャルワーカーの倫理綱領」の見どころ～変更したポイント～』によれば，新規条文として規程した根拠として，国際ソーシャルワーカー連盟（IFSW）と国際ソーシャルワーク教育学校連盟（IASSW）の『ソーシャルワークにおける倫理原則のグローバル声明』において，「ソーシャルワーカーは，職業上，私生活，そして社会生活において，職業上そして個人的に自身を必要に応じて，自己管理する必要があります」と記述されていることをあげている。また，日本ソーシャルワーカー連盟としては「労働者の権利やメンタルヘルスの重要性が社会的に認められている今日，精神労働の領域としてとらえられるソーシャルワーカーが自己管理，セルフメンテナンスを重視することは当然である」との考えのもとに，本条文を新規条文として規程している。また，これは，単に個人的な問題を個人的に自己努力や自己責任で対応することを意味してはいない。たとえば，ソーシャルワーカーがハラスメントに直面していた場合，ハラスメントは，社会的な，あるいは構造的な背景や要因が絡んでいる。なおかつ，ソーシャルワーカー個人のみならず，クライエントや他の人びとにも影響が及んでいることを鑑みれば，組織，職能団体なども含めて「必要な対応」を行うべきであることを意味している。ソーシャルワーカーが，個人的な，あるいは社会的な困難に直面し，専門的判断や業務遂行に影響している時には，自己管理に努めるとともに，クライエントや他の人びとを守るために必要な対応を取ることを専門職の倫理責任として規程している。

（高石　豪）

第5章 資料

1 ソーシャルワーク専門職のグローバル定義

ソーシャルワークは，社会変革と社会開発，社会的結束，および人々のエンパワメントと解放を促進する，実践に基づいた専門職であり学問である。社会正義，人権，集団的責任，および多様性尊重の諸原理は，ソーシャルワークの中核をなす。ソーシャルワークの理論，社会科学，人文学，および地域・民族固有の知[1)]を基盤として，ソーシャルワークは，生活課題に取り組みウェルビーイングを高めるよう，人々やさまざまな構造に働きかける[2)]。

この定義は，各国および世界の各地域で展開してもよい[3)]。

注　釈

注釈は，定義に用いられる中核概念を説明し，ソーシャルワーク専門職の中核となる任務・原則・知・実践について詳述するものである。

中核となる任務

ソーシャルワーク専門職の中核となる任務には，社会変革・社会開発・社会的結束の促進，および人々のエンパワメントと解放がある。

ソーシャルワークは，相互に結び付いた歴史的・社会経済的・文化的・空間的・政治的・個人的要素が人々のウェルビーイングと発展にとってチャンスにも障壁にもなることを認識している，実践に基づいた専門職であり学問である。構造的障壁は，不平等・差別・搾取・抑圧の永続につながる。人種・階級・言語・宗教・ジェンダー・障害・文化・性的指向などに基づく抑圧や，特権の構造的原因の探求を通して批判的意識を養うこと，そして構造的・個人的障壁の問題に取り組む行動戦略を立てることは，人々のエンパワメントと解放をめざす実践の中核をなす。不利な立場にある人々と連帯しつつ，この専門職は，貧困を軽減し，脆弱で抑圧された人々を解放し，社会的包摂と社会的結束を促進すべく努力する。

社会変革の任務は，個人・家族・小集団・共同体・社会のどのレベルであれ，現状が変革と開発を必要とするとみなされる時，ソーシャルワークが介入することを前提としている。それは，周縁化・社会的排除・抑圧の原因となる構造的条件に挑戦し変革する必要によって突き動かされる。社会変革のイニシアチブは，人権および経済的・環境的・社会的正義の増進において人々の主体性が果たす役割を認識する。また，ソーシャルワーク専門職は，それがいかなる特定の集団の周縁化・排除・抑圧にも利用されない限りにおいて，社会的安定の維持にも等しく関与する。

社会開発という概念は，介入のための戦略，最終的にめざす状態，および（通常の残余的および制度的枠組に加えて）政策的枠組などを意味する。それは，（持続可能な発展をめざし，ミクロ—マクロの区分を超えて，複数のシステムレベルおよびセクター間・専門職間の協働を統合するような）全体的，生物—心理—社会的，およびスピリチュアルなアセスメントと介入に基づいている。それは社会構造的かつ経済的な開発に優先権を与えるものであり，経済成長こそが社会開発の前提条件であるという従来の考え方には賛同しない。

原　則

ソーシャルワークの大原則は，人間の内在的価値と尊厳の尊重，危害を加えないこと，多様性の尊重，人権と社会正義の支持である。

人権と社会正義を擁護し支持することは，ソーシャルワークを動機づけ，正当化するものである。ソーシャルワーク専門職は，人権と集団的責任の共存が必要であることを認識する。集団的責任という考えは，一つには，人々がお互い同士，そして環境に対して責任をもつ限りにおいて，はじめて個人の権利が日常レベルで実現されるという現実，もう一つには，共同体の中で互恵的な関係を確立することの重要性を強調する。したがって，ソーシャルワークの主な焦点は，あらゆるレベルにおいて人々の権利を主張すること，および，人々が互いのウェルビーイングに責任をもち，人と人の間，そして人々と環境の間の相互依存を認識し尊重するように促すことにある。

ソーシャルワークは，第一・第二・第三世代の権利を尊重する。第一世代の権利とは，言論や良心の自由，拷問や恣意的拘束からの自由など，市民的・政治的権利を指す。第二世代の権利とは，合理的なレベルの教育・保健医療・住居・少数言語の権利など，社会経済的・文化的権利を指す。第三世代の権利は自然界，生物多様性や世代間平等の権利に焦点を当てる。これらの権利は，互いに補強し依存しあうものであり，個人の権利と集団的権利の両方を含んでいる。

「危害を加えないこと」と「多様性の尊重」は，状況によっては，対立し，競合する価値観となることがある。たとえば，女性や同性愛者などのマイノリティの権利（生存権さえも）が文化の名において侵害される場合などである。『ソーシャルワークの教育・養成に関する世界基準』は，ソーシャルワーカーの教育は基本的人権アプローチに基づくべきと主張することによって，この複雑な問題に対処しようとしている。そこには以下の注が付されている。

> 文化的信念，価値，および伝統が人々の基本的人権を侵害するところでは，そのようなアプローチ（基本的人権アプローチ）が建設的な対決と変化を促すかもしれない。そもそも文化とは社会的に構成されるダイナミックなものであり，解体され変化しうるものである。そのような建設的な対決，解体，および変化は，特定の文化的価値・信念・伝統を深く理解した上で，人権という（特定の文化よりも）広範な問題に関して，その文化的集団のメンバーと批判的で思慮深い対話を行うことを通して促進されうる。

知

ソーシャルワークは，複数の学問分野をまたぎ，その境界を超えていくものであり，広範な科学的諸理論および研究を利用する。ここでは，「科学」を「知」というそのもっとも基本的な意味で理解したい。ソーシャルワークは，常に発展し続ける自らの理論的基盤および研究はもちろん，コミュニティ開発・全人的教育学・行政学・人類学・生態学・経済学・教育学・運営管理学・看護学・精神医学・心理学・保健学・社会学など，他の人間諸科学の理論をも利用する。ソーシャルワークの研究と理論の独自性は，その応用性と解放志向性にある。多くのソーシャルワーク研究と理論は，サービス利用者との双方向性のある対話的過程を通して共同で作り上げられてきたものであり，それゆえに特定の実践環境に特徴づけられる。

この定義は，ソーシャルワークは特定の実践環境や西洋の諸理論だけでなく，先住民を含めた地域・民族固有の知にも拠っていることを認識している。植民地主義の結果，西洋の理論や知識のみが評価され，地域・民族固有の知は，西洋の理論や知識によって過小評価され，軽視され，支配された。この定義は，世界のどの地域・国・区域の先住民たちも，その独自の価値観および知を作り出し，それらを伝達する様式によって，科学に対して計り知れない貢献をしてきたことを認めるとともに，そうすることによって西洋の支配の過程を止め，反転させようとする。ソーシャルワークは，世界中の先住民たちの声に耳を傾け学ぶことによって，西洋の歴史的な科学的植民地主義と覇権を是正しようとする。こうして，ソーシャルワークの知は，先住民の人々と共同で作り出され，ローカルにも国際的にも，より適切に実践されることになるだろう。国連の資料に拠りつつ，IFSWは先住民を以下のように定義している。

- 地理的に明確な先祖伝来の領域に居住している（あるいはその土地への愛着を維持している）。
- 自らの領域において，明確な社会的・経済的・政治的制度を維持する傾向がある。
- 彼らは通常，その国の社会に完全に同化するよりも，文化的・地理的・制度的に独自であり続けることを望む。
- 先住民あるいは部族というアイデンティティをもつ。

出所）国際ソーシャルワーカー連盟HP先住民の定義（英語）https://ifsw.org/policies/indigenous-peoples/

実践

ソーシャルワークの正統性と任務は，人々がその環境と相互作用する接点への介入にある。環境は，人々の生活に深い影響を及ぼすものであり，人々がその中にある様々な社会システムおよび自然的・地理的環境を含んでいる。ソーシャルワークの参加重視の方法論は，「生活課題に取り組みウェルビーイングを高めるよう，人々やさまざまな構造に働きかける」という部分に表現されている。ソーシャルワークは，できる限り，「人々のために」ではなく，「人々とともに」働くという考え方をとる。社会開発パラダイムにしたがって，ソーシャルワーカーは，システムの維持あるいは変革に向けて，さまざまなシステムレベルで一連のスキル・テクニック・戦略・原則・活動を活用する。ソーシャルワークの実践は，さまざまな形のセラピーやカウンセリング・グループワーク・コミュニティワーク，政策立案や分析，アドボカシーや政治的介入など，広範囲に及ぶ。この定義が支持する解放促進的視角からして，ソーシャルワークの戦略は，抑圧的な権力や不正義の構造的原因と対決しそれに挑戦するために，人々の希望・自尊心・創造的力を増大させることをめざすものであり，それゆえ，介入のミクロ―マクロ的，個人的―政治的次元を一貫性のある全体に統合することができる。ソーシャルワークが全体性を指向する性質は普遍的である。しかしその一方で，ソーシャルワークの実践が実際上何を優先するかは，国や時代により，歴史的・文化的・政治的・社会経済的条件により，多様である。

この定義に表現された価値や原則を守り，高め，実現することは，世界中のソーシャルワーカーの責任である。ソーシャルワーカーたちがその価値やビジョンに積極的に関与することによってのみ，ソーシャルワークの定義は意味をもつのである。

※ IFSW 脚注

2014 年 7 月 6 日の IFSW 総会において，IFSW は，スイスからの動議に基づき，ソーシャルワークのグローバル定義に関して以下の追加動議を可決した。

IFSW 総会において可決された，ソーシャルワークのグローバル定義に関する追加動議

「この定義のどの一部分についても，定義の他の部分と矛盾するような解釈を行わないものとする」

「国・地域レベルでの『展開』は，この定義の諸要素の意味および定義全体の精神と矛盾しないものとする」

「ソーシャルワークの定義は，専門職集団のアイデンティティを確立するための鍵となる重要な要素であるから，この定義の将来の見直しは，その実行過程と変更の必要性を正確に吟味した上ではじめて開始されるものでなければならない。定義自体を変えることを考える前に，まずは注釈を付け加えることを

検討すべきである。」

2014年7月メルボルンにおける国際ソーシャルワーカー連盟（IFSW）総会及び国際ソーシャルワーク学校連盟（IASSW）総会において定義を採択。日本語定義の作業は社会福祉専門職団体協議会と（一社）日本社会福祉教育学校連盟が協働で行った。2015年2月13日，IFSWとしては日本語訳，IASSWは公用語である日本語定義として決定した。

社会福祉専門職団体協議会は，（NPO）日本ソーシャルワーカー協会，（公社）日本社会福祉士会，（公社）日本医療社会福祉協会，（公社）日本精神保健福祉士協会で構成され，IFSWに日本国代表団体として加盟しています。

注

1）「地域・民族固有の知（indigenous knowledge）」とは，世界各地に根ざし，人々が集団レベルで長期間受け継いできた知を指している。中でも，本文注釈の「知」の節を見ればわかるように，いわゆる「先住民」の知が特に重視されている。

2）この文の後半部分は，英語と日本語の言語的構造の違いから，簡潔で適切な訳出が非常に困難である。本文注釈の「実践」の節で，ここは人々の参加や主体性を重視する姿勢を表現していると説明がある。これを加味すると，「ソーシャルワークは，人々が主体的に生活課題に取り組みウェルビーイングを高められるよう人々に関わるとともに，ウェルビーイングを高めるための変革に向けて人々とともにさまざまな構造に働きかける」という意味合いで理解すべきであろう。

3）今回，各国および世界の各地域（IFSW/IASSWは，世界をアジア太平洋，アフリカ，北アメリカ，南アメリカ，ヨーロッパという5つの地域＝リージョンに分けている）は，このグローバル定義を基に，それに反しない範囲で，それぞれの置かれた社会的・政治的・文化的状況に応じた独自の定義を作ることができることとなった。これによって，ソーシャルワークの定義は，グローバル（世界）・リージョナル（地域）・ナショナル（国）という3つのレベルをもつ重層的なものとなる。

2 GLOBAL SOCIAL WORK STATEMENT OF ETHICAL PRINCIPLES

Information Type: Policy
Topic: Human Rights, IFSW, Social Work, Ethics
July 2, 2018

Global Social Work Statement of Ethical Principles:

This Statement of Ethical Principles (hereafter referred to as the Statement) serves as an overarching framework for social workers to work towards the highest possible standards of professional integrity.

Implicit in our acceptance of this Statement as social work practitioners, educators, students, and researchers is our commitment to uphold the core values and principles of the social work profession as set out in this Statement.

An array of values and ethical principles inform us as social workers; this reality was recognized in 2014 by the International Federation of Social Workers and The International Association of Schools of Social Work in the global definition of social work, which is layered and encourages regional and national amplifications.

All IFSW policies including the definition of social work stem from these ethical principles.

Social work is a practice-based profession and an academic discipline that facilitates social change and development, social cohesion, and the empowerment and liberation of people. Principles of social justice, human rights, collective responsibility and respect for diversities are central to social work. Underpinned by theories of social work, social sciences, humanities and indigenous knowledge, social work engages people and structures to address life challenges and enhance wellbeing.
http://ifsw.org/get-involved/global-definition-of-social-work/

Principles:

Recognition of the Inherent Dignity of Humanity
Social workers recognize and respect the inherent dignity and worth of all human beings in attitude, word, and deed. We respect all persons, but we challenge beliefs and actions of those persons who devalue or stigmatize themselves or other persons.

Promoting Human Rights
Social workers embrace and promote the fundamental and inalienable rights of all human beings. Social work is based on respect for the inherent worth, dignity of all people and the individual and social /civil rights that follow from this. Social workers often work with people to find an appropriate balance between competing human rights.

Promoting Social Justice
Social workers have a responsibility to engage people in achieving social justice, in relation to society generally, and in relation to the people with whom they work. This means:

3.1 Challenging Discrimination and Institutional Oppression

Social workers promote social justice in relation to society generally and to the people with whom they work.

Social workers challenge discrimination, which includes but is not limited to age, capacity, civil status, class, culture, ethnicity, gender, gender identity, language, nationality (or lack thereof), opinions, other physical characteristics, physical or mental abilities, political beliefs, poverty, race, relationship status, religion, sex, sexual orientation, socioeconomic status, spiritual beliefs, or family structure.

3.2 Respect for Diversity

Social workers work toward strengthening inclusive communities that respect the ethnic and cultural diversity of societies, taking account of individual, family, group, and community differences.

3.3 Access to Equitable Resources

Social workers advocate and work toward access and the equitable distribution of resources and wealth.

3.4 Challenging Unjust Policies and Practices

Social workers work to bring to the attention of their employers, policymakers, politicians, and the public situations in which policies and resources are inadequate or in which policies and practices are oppressive, unfair, or harmful. In doing so, social workers must not be penalized.

Social workers must be aware of situations that might threaten their own safety and security, and they must make judicious choices in such circumstances. Social workers are not compelled to act when it would put themselves at risk.

3.5 Building Solidarity

Social workers actively work in communities and with their colleagues, within and outside of the profession, to build networks of solidarity to work toward transformational change and inclusive and responsible societies.

Promoting the Right to Self-Determination
Social workers respect and promote people's rights to make their own choices and decisions, provided this does not threaten the rights and legitimate interests of others.

Promoting the Right to Participation
Social workers work toward building the self-esteem and capabilities of people, promoting their full involvement and participation in all aspects of decisions and actions that affect their lives.

Respect for Confidentiality and Privacy
6.1 Social workers respect and work in accordance with people's rights to confidentiality and privacy unless there is risk of harm to the self or to others or other statutory restrictions.

6.2 Social workers inform the people with whom they engage about such limits to confidentiality and privacy.

Treating People as Whole Persons

Social workers recognize the biological, psychological, social, and spiritual dimensions of people's lives and understand and treat all people as whole persons. Such recognition is used to formulate holistic assessments and interventions with the full participation of people, organizations, and communities with whom social workers engage.

Ethical Use of Technology and Social Media

8.1 The ethical principles in this Statement apply to all contexts of social work practice, education, and research, whether it involves direct face-to-face contact or through use of digital technology and social media.

8.2 Social workers must recognize that the use of digital technology and social media may pose threats to the practice of many ethical standards including but not limited to privacy and confidentiality, conflicts of interest, competence, and documentation and must obtain the necessary knowledge and skills to guard against unethical practice when using technology.

Professional Integrity

9.1 It is the responsibility of national associations and organizations to develop and regularly update their own codes of ethics or ethical guidelines, to be consistent with this Statement, considering local situations. It is also the responsibility of national organizations to inform social workers and schools of social work about this Statement of Ethical Principles and their own ethical guidelines. Social workers should act in accordance with the current ethical code or guidelines in their country.

9.2 Social workers must hold the required qualifications and develop and maintain the required skills and competencies to do their job.

9.3 Social workers support peace and nonviolence. Social workers may work alongside military personnel for humanitarian purposes and work toward peacebuilding and reconstruction. Social workers operating within a military or peacekeeping context must always support the dignity and agency of people as their primary focus. Social workers must not allow their knowledge and skills to be used for inhumane purposes, such as torture, military surveillance, terrorism, or conversion therapy, and they should not use weapons in their professional or personal capacities against people.

9.4 Social workers must act with integrity. This includes not abusing their positions of power and relationships of trust with people that they engage with; they recognize the boundaries between personal and professional life and do not abuse their positions for personal material benefit or gain.

9.5 Social workers recognize that the giving and receiving of small gifts is a part of the social work and cultural experience in some cultures and countries. In such situations, this should be referenced in the country's code of ethics.

9.6 Social workers have a duty to take the necessary steps to care for themselves professionally and personally in the workplace, in their private lives and in society.

9.7 Social workers acknowledge that they are accountable for their actions to the people they work with; their colleagues; their employers; their professional associations; and local, national, and international laws and conventions and that these accountabilities may conflict, which must be negotiated to minimize harm to all persons. Decisions should always be informed by empirical evidence; practice wisdom; and ethical, legal, and cultural considerations. Social workers must be prepared to be transparent about the reasons for their decisions.

9.8 Social workers and their employing bodies work to create conditions in their workplace environments and in their countries, where the principles of this Statement and those of their own national codes are discussed, evaluated, and upheld. Social workers and their employing bodies foster and engage in debate to facilitate ethically informed decisions.

Spanish translation - Traducción Español

Classic Chinese Translation 全球社會工作倫理原則聲明（繁體字譯本）

The Global Statement of Ethical Principles was approved at the General Meetings of the International Federation of Social Workers and the General Assembly of the International Association of Schools of Social Work (IASSW) in Dublin, Ireland, in July 2018. IASSW additionally endorsed a longer version: Global-Social-Work-Statement-of-Ethical-Principles-IASSW-27-April-2018-1

National Code of Ethics
National Codes of Ethics of Social Work adopted by IFSW Member organisations.

The Codes of Ethics are in the national languages of the different countries. More national codes of ethics will soon be added to the ones below:

Australia
Canada | Guidelines for ethical practice
Denmark
Finland (Englis)
Finland (Finish)
France
Germany
Ireland
Israel
Italy
Japan
Luxembourg
Norway
Puerto Rico English | Spanish
Portugal
Russia
Singapore
South Korea English | Korean
Spain
Sweden English | Swedish
Switzerland German | French | Italian
Turkey English | Turkish
USA
United Kingdom
Keywords: Statement of Ethical Principles
Region: Global
Language: English
Commission: Ethical Standards

Primary Sidebar
KEY DOCUMENTS
Global Definition of Social Work
Global Social Work Statement of Ethical Principles
The Role of Social Work in Social Protection Systems
Footer

3 ソーシャルワーカーの倫理綱領

2020年5月15日最終提案
日本ソーシャルワーカー連盟・倫理綱領委員会
委員長　保良 昌徳

前文

われわれソーシャルワーカーは，すべての人が人間としての尊厳を有し，価値ある存在であり，平等であることを深く認識する。われわれは平和を擁護し，社会正義，人権，集団的責任，多様性尊重および全人的存在の原理に則り，人々がつながりを実感できる社会への変革と社会的包摂の実現をめざす専門職であり，多様な人々や組織と協働することを言明する。

われわれは，社会システムおよび自然的・地理的環境と人々の生活が相互に関連していることに着目する。社会変動が環境破壊および人間疎外をもたらしている状況にあって，この専門職が社会にとって不可欠であることを自覚するとともに，ソーシャルワーカーの職責についての一般社会及び市民の理解を深め，その啓発に努める。

われわれは，われわれの加盟する国際ソーシャルワーカー連盟と国際ソーシャルワーク教育学校連盟が採択した，次の「ソーシャルワーク専門職のグローバル定義」（2014年7月）を，ソーシャルワーク実践の基盤となるものとして認識し，その実践の拠り所とする。

ソーシャルワーク専門職のグローバル定義

ソーシャルワークは，社会変革と社会開発，社会的結束，および人々のエンパワメントと解放を促進する，実践に基づいた専門職であり学問である。社会正義，人権，集団的責任，および多様性尊重の諸原理は，ソーシャルワークの中核をなす。ソーシャルワークの理論，社会科学，人文学，および地域・民族固有の知を基盤として，ソーシャルワークは，生活課題に取り組みウェルビーイングを高めるよう，人々やさまざまな構造に働きかける。

この定義は，各国および世界の各地域で展開してもよい。

（IFSW；2014.7）　※注1

われわれは，ソーシャルワークの知識，技術の専門性と倫理性の維持，向上が専門職の責務であることを認識し，本綱領を制定してこれを遵守することを誓約する。

原理

Ⅰ（人間の尊厳） ソーシャルワーカーは，すべての人々を，出自，人種，民族，国籍，性別，性自認，性的指向，年齢，身体的精神的状況，宗教的文化的背景，社会的地位，経済状況などの違いにかかわらず，かけがえのない存在として尊重する。

Ⅱ（人権） ソーシャルワーカーは，すべての人々を生まれながらにして侵すことのできない権利を有する存在であることを認識し，いかなる理由によってもその権利の抑圧・侵害・略奪を容認しない。

Ⅲ（社会正義） ソーシャルワーカーは，差別，貧困，抑圧，排除，無関心，暴力，環境破壊などの無い，自由，平等，共生に基づく社会正義の実現をめざす。

Ⅳ（集団的責任） ソーシャルワーカーは，集団の有する力と責任を認識し，人と環境の双方に働きかけて，互恵的な社会の実現に貢献する。

Ⅴ（多様性の尊重） ソーシャルワーカーは，個人，家族，集団，地域社会に存在する多様性を認識し，それらを尊重する社会の実現をめざす。

Ⅵ（全人的存在） ソーシャルワーカーは，すべての人々を生物的，心理的，社会的，文化的，スピリチュアルな側面からなる全人的な存在として認識する。

倫理基準

Ⅰ　クライエントに対する倫理責任

1.（クライエントとの関係）　ソーシャルワーカーは，クライエントとの専門的援助関係を最も大切にし，それを自己の利益のために利用しない。
2.（クライエントの利益の最優先）　ソーシャルワーカーは，業務の遂行に際して，クライエントの利益を最優先に考える。
3.（受容）　ソーシャルワーカーは，自らの先入観や偏見を排し，クライエントをあるがままに受容する。
4.（説明責任）　ソーシャルワーカーは，クライエントに必要な情報を適切な方法・わかりやすい表現を用いて提供する。
5.（クライエントの自己決定の尊重）　ソーシャルワーカーは，クライエントの自己決定を尊重し，クライエントがその権利を十分に理解し，活用できるようにする。また，ソーシャルワーカーは，クライエントの自己決定が本人の生命や健康を大きく損ねる場合や，他者の権利を脅かすような場合は，人と環境の相互作用の視点からクライエントとそこに関係する人々相互のウェルビーイングの調和を図ることに努める。

6.（参加の促進） ソーシャルワーカーは，クライエントが自らの人生に影響を及ぼす決定や行動のすべての局面において，完全な関与と参加を促進する。
7.（クライエントの意思決定への対応） ソーシャルワーカーは，意思決定が困難なクライエントに対して，常に最善の方法を用いて利益と権利を擁護する。
8.（プライバシーの尊重と秘密の保持） ソーシャルワーカーは，クライエントのプライバシーを尊重し秘密を保持する。
9.（記録の開示） ソーシャルワーカーは，クライエントから記録の開示の要求があった場合，非開示とすべき正当な事由がない限り，クライエントに記録を開示する。
10.（差別や虐待の禁止） ソーシャルワーカーは，クライエントに対していかなる差別・虐待もしない。
11.（権利擁護） ソーシャルワーカーは，クライエントの権利を擁護し，その権利の行使を促進する。
12.（情報処理技術の適切な使用） ソーシャルワーカーは，情報処理技術の利用がクライエントの権利を侵害する危険性があることを認識し，その適切な使用に努める。

Ⅱ　組織・職場に対する倫理責任

1.（最良の実践を行う責務） ソーシャルワーカーは，自らが属する組織・職場の基本的な使命や理念を認識し，最良の業務を遂行する。
2.（同僚などへの敬意） ソーシャルワーカーは，組織・職場内のどのような立場にあっても，同僚および他の専門職などに敬意を払う。
3.（倫理綱領の理解の促進） ソーシャルワーカーは，組織・職場において本倫理綱領が認識されるよう働きかける。
4.（倫理的実践の推進） ソーシャルワーカーは，組織・職場の方針，規則，業務命令がソーシャルワークの倫理的実践を妨げる場合は，適切・妥当な方法・手段によって提言し，改善を図る。
5.（組織内アドボカシーの促進） ソーシャルワーカーは，組織・職場におけるあらゆる虐待または差別的・抑圧的な行為の予防および防止の促進を図る。
6.（組織改革） ソーシャルワーカーは，人々のニーズや社会状況の変化に応じて組織・職場の機能を評価し必要な改革を図る。

Ⅲ　社会に対する倫理責任

1.（ソーシャル・インクルージョン） ソーシャルワーカーは，あらゆる差別，貧困，抑圧，排除，無関心，暴力，環境破壊などに立ち向かい，包摂的な社会をめざす。
2.（社会への働きかけ） ソーシャルワーカーは，人権と社会正義の増進において変革と開発が必要であるとみなすとき，人々の主体性を活かしながら，社会に働きかける。
3.（グローバル社会への働きかけ） ソーシャルワーカーは，人権と社会正義に関する課題を解決するため，全世界のソーシャルワーカーと連帯し，グローバル社会に働きかける。

Ⅳ　専門職としての倫理責任

1. （専門性の向上）　ソーシャルワーカーは，最良の実践を行うために，必要な資格を所持し，専門性の向上に努める。
2. （専門職の啓発）　ソーシャルワーカーは，クライエント・他の専門職・市民に専門職としての実践を適切な手段をもって伝え，社会的信用を高めるよう努める。
3. （信用失墜行為の禁止）　ソーシャルワーカーは，自分の権限の乱用や品位を傷つける行いなど，専門職全体の信用失墜となるような行為をしてはならない。
4. （社会的信用の保持）　ソーシャルワーカーは，他のソーシャルワーカーが専門職業の社会的信用を損なうような場合，本人にその事実を知らせ，必要な対応を促す。
5. （専門職の擁護）　ソーシャルワーカーは，不当な批判を受けることがあれば，専門職として連帯し，その立場を擁護する。
6. （教育・訓練・管理における責務）　ソーシャルワーカーは，教育・訓練・管理を行う場合，それらを受ける人の人権を尊重し，専門性の向上に寄与する。
7. （調査・研究）　ソーシャルワーカーは，すべての調査・研究過程で，クライエントを含む研究対象の権利を尊重し，研究対象との関係に十分に注意を払い，倫理性を確保する。
8. （自己管理）　ソーシャルワーカーは，何らかの個人的・社会的な困難に直面し，それが専門的判断や業務遂行に影響する場合，クライエントや他の人々を守るために必要な対応を行い，自己管理に努める。

注1. 本綱領には「ソーシャルワーク専門職のグローバル定義」の本文のみを掲載してある。なお，アジア太平洋（2016年）および日本（2017年）における展開が制定されている。

注2. 本綱領にいう「ソーシャルワーカー」とは，本倫理綱領を遵守することを誓約し，ソーシャルワークに携わる者をさす。

注3. 本綱領にいう「クライエント」とは，「ソーシャルワーク専門職のグローバル定義」に照らし，ソーシャルワーカーに支援を求める人々，ソーシャルワークが必要な人々および変革や開発，結束の必要な社会に含まれるすべての人々をさす。

制　　作　日本ソーシャルワーカー連盟倫理綱領委員会

〔日本ソーシャルワーカー協会〕岡本民夫，保良昌徳（委員長），松永千惠子
〔日 本 社 会 福 祉 士 会〕西島善久，中田雅章，前嶋弘
〔日本医療社会福祉協会〕早坂由美子，小原眞知子，上田まゆら
〔日本精神保健福祉士協会〕柏木一惠，木太直人（会長代行），岡本秀行，岩本操
〔事　　　務　　　局〕杉山佳子，春見静子，星野晴彦，高石豪，甲田賢一，駿河諦

引用・参考文献

岩崎浩三・星野晴彦訳「IFSW　ソーシャルワークにおける倫理―原理に関する声明」2014年
科学技術・学術審議会　学術分科会「人文学及び社会科学の振興について（報告）―『対話』と『実証』を通じた文明基盤形成への道―」2009年
久保美紀『2020年度学界回顧と展望』日本社会福祉学会，2021年
久保美紀「エンパワメントソーシャルワーク(3)エンパワメントソーシャルワークにおける援助関係」ソーシャルワーク研究編集委員会編『ソーシャルワーク研究：社会福祉実践の総合研究誌』38(3)，2012年
新村出編『広辞苑　第五版』岩波書店，1998年
新村出編『広辞苑　第七版』岩波書店，2018年
高島恭子「ソーシャルワークと社会開発のためのグローバルアジェンダ」国際委員会報告　第4次報告書，2020年
竹中麻由美「第8章ソーシャルワークの面接」日本ソーシャルワーク学校教育連盟編『12ソーシャルワークの理論と方法［共通科目］』中央法規，2021年
中央法規出版編集部編『六訂　社会福祉用語辞典』中央法規，2016年，p.240
日本ソーシャルワーカー協会『ソーシャルワーカー』第20号，2021年
日本ソーシャルワーカー連盟（JFSW）「グローバルソーシャルワーク倫理声明」国際委員会訳，2018年
日本ソーシャルワーカー連盟（JFSW）HP「ソーシャルワーク専門職のグローバル定義　注釈」
http://jfsw.org/definition/global_definition/（2022年5月30日最終閲覧）
深谷美枝『明治学院大学社会学・社会福祉学研究』明治学院大学社会学部，2022年
三島亜紀子「ソーシャルワークのグローバル定義にみる知の変容―『地域・民族固有の知（indigenous knowledge）』とはなにか？」『社会福祉学』57(1)，2016年：113-124
山辺朗子『ジェネラリスト・ソーシャルワークの基盤と展開』ミネルヴァ書房，2011年
Biestek, F. P. (1957) *The Casework Relationship,* Chicago: Loyola University Press.（尾崎新・福田俊子・原田和幸訳『ケースワークの原則（新訳改訂版）援助関係を形成する技法』誠信書房，2006年）
Dubois, Brenda L. & Miley, Karla Krogsrud (2014) *Social Work : An Empowering Profession, 8th Edition,* Pearson Education.（北島英治監訳，上田洋介訳『ソーシャルワーク―人々をエンパワメントする専門職』明石書店，2017年）

編集後記

ようやくソーシャルワーカーの皆様のお手元に「よくわかる倫理綱領」をお送りできる目途が立ち，安堵しています。

国際ソーシャルワーカー連盟（The International Federation of Social Workers（IFSW））は2014年7月に「ソーシャルワーク専門職のグローバル定義」を採択いたしました。それを受け，日本ソーシャルワーカー連盟（日本社会福祉士会，日本精神保健福祉士協会，日本医療ソーシャルワーカー協会，日本ソーシャルワーカー協会：JFSW）も2018年5月，「日本ソーシャルワーカー連盟倫理綱領委員会」（以下，「倫理綱領委員会」と記す。）を発足させ，日本のソーシャルワーカーのための倫理綱領の改定作業をスタートさせました。日本ソーシャルワーカー協会では，倫理綱領委員会に委員長に保良会長を送り，その他に事務局も担い総勢8名が参加しました。

倫理綱領委員会では，毎回対面の会議にて2時間以上検討作業を行い，活発な意見交換のもと，旧倫理綱領から新倫理綱領に代わる形を作ってきました。時には「グローバル定義」や「アジア太平洋地域における展開」，「日本における展開」を参考に整合性を考慮し進めてきました。そして2020年5月15日には「ソーシャルワーカーの倫理綱領」の最終提案がなされました。

「よくわかるソーシャルワーカーの倫理綱領」は，ソーシャルワーカーとして働く皆様の実践の拠り所となるものです。よって実践のさなかに，本書を手元に置いてハンドブックのように手軽にお使いいただけるよう作成しています。また「ソーシャルワーカーの倫理綱領とは，どのようなものなのか」「キーワードの意味は何なのか」といった点をとくに重点的に説明し，ご理解いただく際の手助けとなるよう心掛けました。

本書は現役のソーシャルワーカーの方々の他に，福祉を学ぶ学生および研究者の皆様にもご活用いただけるものと思います。

日本ソーシャルワーカー協会では，本書作成のために倫理委員会が中心となって構成や編集を担ってきました。とくに保良会長，杉山副会長，喜多理事，そして益子会員には大変ご尽力いただきました。この場を借りて感謝申し上げます。

出版をお願いした学文社の田中社長には，なかなか集まらない原稿を辛抱強くお待ちいただき，編集・校正の段階では熱意をもってご対応いただきました。心より感謝申し上げます。

2022年12月

特定非営利活動法人日本ソーシャルワーカー協会副会長
「よくわかるソーシャルワーカーの倫理綱領」出版担当　松永千惠子

よくわかるソーシャルワーカーの倫理綱領

2023年2月28日　第1版第1刷発行　〈検印省略〉

編　者　特定非営利活動法人　日本ソーシャルワーカー協会

発行者　田中千津子

発行所　株式会社　学文社

〒153-0064　東京都目黒区下目黒3-6-1
電話（03）3715-1501㈹　振替　00130-9-98842
https://www.gakubunsha.com

乱丁・落丁本は，本社にてお取替え致します。印刷／株式会社亨有堂印刷所
定価は，カバーに表示してあります。

ISBN 978-4-7620-3231-8